盲導犬との絆、静かな感動

光を失った33人が
自ら綴るエッセイ

全日本盲導犬使用者の会・著
石黒謙吾・編

ワニ・プラス

はじめに

盲導犬は「見えない・見えにくい」人生を歩むパートナー

全日本盲導犬使用者の会 会長
山本 誠

全日本盲導犬使用者の会が産声《うぶごえ》を上げてから30周年を迎えました。それを記念し、またこれまでの歩みの節目として、今回このような本を出版することができて、嬉しく思います。一言で「歩み」と言っても、これまで、穏やかで平坦な道のりばかりではなく、先輩たちの苦労からの努力や発信といった多くのターニングポイントがあって、今の私たちの「豊かさ」があると思います。

豊かさ？　きっとみなさんにはピンと来ないことでしょう。障がいを持つと、普通に歩くといった当たり前の動作1つとっても、見えないがゆえに不便に感じ、引きこもりになるケースもあります。しかし私たち盲導犬使用者はみな、外出を楽しみ、社会参加を目指し、日々豊かに歩んでいる方々が多いのです。それは、盲導犬という、歩く際の選択肢を1つ手に入れたからだと思います。

持論なのですが、人は選択肢が増えるほど豊かさが増すのだと思います。視覚に障がいがあることにより、「見える」ことで得られる選択肢が失われ、外出時も自由度が制限されます。そして、自力でできることと言えば「歩く」ことぐらいとなってしまいます。それも杖《つえ》歩行が主で、あとは人に援助を依頼して歩くしかないわけです。

しかし、盲導犬という歩行の手段が加わって、それを選択できることで、こんなに歩くことが楽しく、爽快な気持ちになれるとは……。盲導犬と歩き始めたみなさんは、きっと失望感から解き放たれた感覚を手に入れたのではないでしょうか。

杖で歩いていた頃の、目的地を目指す困難さが格段に軽減され、みんな笑顔で、職場やショッピング、旅行など、外へ外へと出かけていくようになります。

盲導犬はただ歩くためだけの役割ではなく、「見えない・見えにくい」人生を歩む、まさにパートナーという存在だと確信しております。本書で語られている一つひとつのエピソードの中にも、それらのエッセンスが散りばめられています。

相互理解や普及促進で必要なのは、お互いの歩み寄りです。その時に1つでも多くの選択肢を持って接することで、障がい、障壁、バリアが少なくなると考えます。

全日本盲導犬使用者の会は、共生社会に向け、啓発し、発信する使用者団体として、これからも歩み続けていきます。本書を手に取っていただき、少しでも私たちと愛すべきパートナーのことを身近に感じていただければ幸いです。

目次

［凡例］

●名前は、ペンネームの場合もあります

●使用者の年齢明記の場合は、2024年11月1日現在の年齢です
●居住地は、都道府県名のみと、それ以下の地域名があるものと混在しています
●盲導犬については名前以外に、ご自身にとって何代目、犬の年齢、毛色や犬種などがある場合も。また、複数の頭数が記載のケースもあります

目となり、足となる。

1

見えない夫婦2人が2頭に対して同じように接するパパとママなのです

杉元あけみ（すぎもと・あけみ）

55歳
宮崎県
ネージュ

■犬たちと私と家族のストーリー

「ノエル、カム」声をかけると、チッチッチッと足音が近づいて来て、1頭のラブラドールが私の前で立ち止まり、いきなりおなかを出してひっくり返りました。こんなに小さくて大丈夫なの？　と思うほど小柄なその子は、仰向けのまま私を見上げて、嬉しそうにしっぽをパタパタさせています。大きな身体で、静かにユーザーに寄り添う、堂々とした盲導犬のイメージとはまるで違っていましたが、私の心には、かわいいこの子に出会えた嬉しさが、じんわりと込み上げてきました。1997年夏のことです。

ノエルは、甘えん坊で愛情深い子でした。1m以上距離が開くと不安になるくらい、いつでも私にぴったりくっついて離れないのです。私もそんなノエルと歩くことが嬉しくて、毎日いろんなところへ出かけました。日本じゅう、そして海外へも旅する夢さえ抱いていました。私の父はノエルを孫みたいに溺愛し、もともと犬が苦手だった母までもが「ノエちゃんは特別よ」とベタかわいがりしていました。

しかしまもなく、私と私の家族には、そんな平和な暮らしを奪い去ってしまうような出来事が、次々に起きていってしまうのです。まず、父が発病、そして車椅子の生活へ（2008年に他界しました）。私自身も、以前から患っていた腎臓病の悪化で透析《とうせき》治療を受けなければならなくなり、体調のすぐれない日が続きました。さらに、一人で私たち病人の面倒をみてくれていた母も、心を病んで入退院をくり返すようになってしまいました。このほかにもいくつかの問題を抱えていた私たちには、かつて当たり前のようにあった家族の笑顔も語らいも、もうありませんでした。

これまで生きてきた中で一番苦しかったこの時期を、私はいったいどんな風《ふう》にして乗り越えてきたのか、今では思い出すこともできないほどですが、1つ確実に言えることは、当時ノエルだけが私の生きる支えだったということ。涙を流す時、動く気力もなく横たわる時、彼女はいつでも寄り添っていてくれました。「大丈夫よ！」と言うかのように私を見つめ、涙を舐《な》めて、しっぽをサヤサヤと振ってくれるのでした。

それほどまでに大切な存在のノエルを引退させ、誰かに託す決心をすることに、私は罪悪感にも似た心の痛みを覚えました。別れの日、迎えに来てくれた人の車に乗せた時、いつものように私が横に乗るためのスペースを空けて座った姿に胸が張り裂けそうでした。


次にやって来たのは、ノエルよりひと回り大きくて、猫みたいにマイペースな性格のティンクルでした。自分がかまってほしい時だけすり寄ってきて、気が向かない時は、名前を呼んでも寝たふりを決め込んでいます。しばらく一人で待たせたあと、さぞ寂しがっているかと思いきや、私が戻ったのも気づかずに爆睡しているのでした。

よく、2頭目の犬を持ったユーザーさんが1頭目の子と比べてしまって悩むなんて話を聞きますが、ここまで完璧に正反対では、もう比べる気にすらなりません。

美人でクールでツンデレなティンクルは、すれ違う人から、かわいいかわいいともてはやされても、すまし顔でお愛想程度にしっぽを振ってみせながら、頭の中ではいつも、どこで近道しようかと考えているのでした。私が慣れ親しんだ道をのんきに歩いていて、ふと気がつくと、いつの間にかどこかでショートカットしていて、混乱させられることも何度かありました。

2010年4月、視覚支援学校で教師をしている私は、新しく入学してくる大人の生徒さんに点字指導をすることになりました。その人は、病気で視力を失った元トラックドライバーでしたが、見えなくなってまだ1年も経っていないのに、すでにマッサージ師として人生を再スタートするという前向きな目標を持っていました。

授業のあいだ、静かにしていたティンクルに、彼は気づいていないようでした。終了後、盲導犬が来ていることを告げるとたちまち、嬉しそうな声で「え、ほんと!? 俺、犬大好き！」と、ティンクルの頭や身体をなでて「かわいい、かわいい」を連発しました。

完全に盲導犬への興味に心を支配されたその生徒さんは、授業に行くたびにあれこれ質問をし、やがて「俺も盲導犬持とうかなぁ」と口にするようになりました。

当時の彼は、失明間もないにもかかわらずすでにひとり暮らしをし、電車とスクールバスを乗り継ぎ、2時間近くもかけて通学する行動力の持ち主でした。聞けば、病気以外にもいろいろと苦労をしてきているのに、「俺は目が見えなくなっただけやもん、命があればなんでもできるじゃん」と笑って言えるそのパワーに私は圧倒されました。

それまでの10年ほどのあいだに立て続けに起きたつらい出来事のために、すっかりネガティブ思考に陥《おちい》っていた私に、彼のそんな言葉が、再び前を向いて進む力を与えてくれたのです。

翌年の秋、彼のところにも念願の盲導犬がやって来ました。白い毛並みのやんちゃ坊主「バト」は、校内でティンクルを見かけるとすぐにじゃれつき、ときどき調子に乗りすぎてティンクルから叱られていました。私たちは黙って成り行きを見ていたのですが、ティンクルの「教育」は功を奏したようで、やがてバトは、ティンクルを本当の姉のように慕い、何をするにも一歩引いてついていくようになりました。

その生徒さんが視覚支援学校を卒業してマッサージ師となった1年後、私は彼と結婚しました。現在の私の夫、杉元忠幸がその人です。そして私たちは、〝2人と2頭の家族〟になりました。


それからのバトは以前にも増してティンクルにべったりとくっついて回り、時にはティンクルが寝ているドッグベッドに無理やり入って一緒に寝たりするほどでした。そんなバトですから、ティンクルが引退したあとの落ち込み方は尋常ではありませんでした。

私が次の盲導犬との共同訓練を終えて家に戻ると、たった2週間の間にすっかり老《ふ》け込んでしまっていたのです。ティンクルが突然どこかへ行ってしまったことが、どうしても納得できなかったのでしょう。バトのことがかわいそうで、いずれはバトも同じ引退先で、またティンクルと過ごさせてあげたいと考えていたのですが、コロナ禍のいろいろな事情から、その願いも叶いませんでした。

現在、我が家の犬たちは、私の3頭目のパートナー、足長イケメンに似合わない甘えん坊でビビりやさんのネーくんこと「ネージュ」と、夫の2頭目のパートナー、小熊のような顔で底抜けに陽気なイケイケボーイのイーくんこと「イーオン」です。私たちは2頭併せて「イーネーブラザーズ」と呼んでいます。「イー、ネー」と彼らの名前を呼べば、たとえ少しくらい大変なことがあっても、「いいねぇ、いいねぇ」と笑って乗り切れる気がします。

犬好きだった父の影響で、犬を友だちのようにして育った私は、はじめは盲導犬を持つことに積極的ではありませんでした。大好きな犬を自分のために「働かせる」ことに抵抗感があったのです。しかし、先に盲導犬との生活を始めた友人と数日を過ごした時、その考えはすっかり変わりました。犬はけっして、ストレスと闘いながら必死に頑張って仕事をしているのではありませんでした。

段差で止まった時、障害物を避けた時、しばらく一人でじっと待っていることができた時、友人にホメてもらった時、いつも全身で喜びを表していました。この子たちにとっては、いつも一緒にいてくれる人の存在が何よりの幸せであり、その人に喜ばれ、ホメられることこそが生きがいなのだと知りました。そんな幸せな人と犬との暮らしを実現すること、それが盲導犬との生活なのです。

ノエルと出会い、喜びに心が震えたあの日。それ以来、27年間ずっと、嬉しい時にも、悲しい時にも、私のそばには犬がいました。我が家は、私と夫それぞれにパートナーがいるけれど、家の中では2人が2頭に対して同じように接するパパとママなのです。だから、出会いの喜びも別れのつらさも2倍です。引退の日が近づくたび、またこんな思いをするのかと苦しい気持ちになるのですが、それもまた、この子たちが言葉にしきれないほどの幸せを与えてくれたからなんだと受け止め、感謝して、犬たちとの生活を続けてきました。

今日もまた、私たち2人と2頭は「イーネー、いいねぇ」と笑顔で歩いていています。

2 トロンボーンのステージではいつも一緒「大天使アリエル」が導く奇跡で夫に出会う

山岸加奈子（やまぎし・かなこ）
44歳
神奈川県
アリエル

■天使のしっぽ

あたたかい拍手の中、誇らしげに立ち上がり、大きくしっぽを振る天使がいる。それが私のパートナーの盲導犬・アリエルだ。私はトロンボーンのソリスト。ステージに立つ時はいつも、アリエルも一緒だ。「天使のしっぽ」という曲は、アリエルをイメージして作った曲。その曲の演奏が終わると、足元で伏せていたアリエルは必ず立ち上がり、お客様の拍手に大きくしっぽを振って応える。まるで自分の曲であることがわかっているかのように！

[アリエル]

クリーム色のなめらかな毛に覆われて、タレ目の愛らしい表情をしている、やさしい顔立ちのアリエル。彼女の一番の特徴は、なんといってもしっぽだ。話しかければパタパタと床をなで、嬉しい時はポンポンと軽やかに、はしゃいでいる時はドンドンと壁に力強く当たっている音がする。しっぽの振り方で彼女の気持ちが手に取るようにわかる。

トイレをさせていて、「もう出ないの?」と私が尋ねると、「うん、もう出ないよ!」としっぽを振って応えてくれる。私が彼女の顔を見てニコッと微笑んだだけで、こちらを見ているアリエルがやさしくしっぽを振っている音が聞こえる。私の気持ちがちゃんとアリエルに伝わっていることがわかり、嬉しくなる

[出会い]

1頭目のパートナーの引退の日。午前中に7年半連れ添ったパートナーとお別れをし、涙も枯れぬままお昼を挟んでさっそく午後。訓練センターのトレーニングルームで、2頭目との訓練に入るため、新しくなったハーネスの扱いについて教えていただいた。その後「少しお待ちください」という言葉を残して、担当訓練士は一度出ていった。

私は言われるがまま、広いトレーニングルームの奥の椅子に座って待っていた。同じ部

屋では、訓練犬が訓練士と遊んでいたり、一緒に共同訓練を受けているユーザーさんたちが指導を受けている。そんな様子を、空っぽの心でぼーっと聞いていた。そこへ、担当訓練士が向こう側の扉から戻って来た。

「お待たせしましたー！」の言葉を言い終えるか終えないかのタイミングで、訓練士さんが、「わぁ！　ちょっと待って待って！　ストップ！」と慌てている声が近づいて来る。私は何が起きているのかわからないまま、表情も変えずにただ座っていた。その直後、すごい勢いでリードを引っ張り、ゲホゲホとむせながら私めがけて一直線に訓練犬が飛び込んで来たのだ。

その犬に引っ張られるように、担当訓練士が息を切らしながらついてきて言った。「この子が加奈子さんのパートナーになる子です」。とにかくまずは落ち着けるために、名前も性別も毛色も聞かないうちに、すぐにリードで歩いてみましょうということになり、私はその子へ「ヒール」（左について）や「シット」（お座り）などの指示を出した。相変わらずゲホゲホしながらも、私の言うことを聞いて、なんだか楽しそうについてくる。パタパタ、ビュンビュンと、プロペラのように早い動きのしっぽが足に当たる。こんなに興奮していて、こんなにゲホゲホしていて、この子は大丈夫なのかな？……と、正直なところ内心は心配でもあった。

そうすると、担当訓練士から私に耳打ちで、「アリエルです」と名前が告げられた。これがアリエルとの初対面である。その時、トレーニングルームにはたくさんの人と犬がいて賑《にぎ》やかだった。私は部屋の奥の端で、ただ無表情で座っていただけだった。それなのに、なぜアリエルは会ったこともない私を見つけて、せき込むほどの勢いでやって来てくれたのだろう。「ずっと待ってたんだよ！　やっと会えたね！」と言っているかのように。アリエルは、私と出会うことがずっと前からわかっていたかのようだった。

「かわいい」は私のこと？

アリエルと名付けたのは、パピーウォーカーのご家族。ディズニーのリトルマーメイドの主人公から取った名前。人魚姫のアリエルのように、みんなからかわいがられる子になってほしいという願いが込められているそうだ。

その名のとおり、どこへ行っても、誰と会っても、「かわいい！」と人気者。ある日の出来事。後方から女子高生の「かわいい！」という声が聞こえてきた途端、ハーネスを付けてお仕事中にもかかわらずアリエルは即座に立ち止まり、「私のこと？」と言わんばかりに振り返ってしっぽを振った。かわいいという言葉は自分のことと思っているようだ。思わず笑ってしまう出来事だった。

きっと、パピーの頃から、かわいいかわいいと言われて大切に育てられてきたのだろう。こんなに人のことが大好きで、やさしい性格な子に育ててくださったパピーウォーカーのご家族には心から感謝している。

［1人と1頭での大冒険］

アリエルは、性格がどこか幼い感じで、いつも私のあとをついて回る甘えん坊。一見頼りなさそうにも感じたが、生活を共にするうちに、どんな場所でも適応してしまう順応性があることがわかってきた。

ユニットになって1年半ほど経った頃、どうしても受講したい講座があり、思いきって、初めてアリエルとの二人旅をすることにした。今までも新幹線に乗ることは何度もあったが、私と盲導犬だけで乗るのは初めて。さらに1人と1頭だけで1泊するということも人生初めてのことだった。

いろいろな不安はあったが、私の不安をやわらげてくれるように、アリエルはどことなく楽しそうにしっぽをゆったり振って、身体を私にくっ付けてきてくれた。まるで「大丈夫だよ！」と言ってくれているかのように。

この1泊の旅以来、アリエルへの信頼感が一気に深まり、羽が生えたかのようにあちこちと旅をした。バス、新幹線、飛行機、フェリー。どんな乗り物でもアリエルは落ち着いている。ディズニーシーへも何度も行った。リトルマーメイドのエリアに行くと、あちこちから「アリエル！」という声が聞こえる。もちろんこちらのアリエルを呼んでいるわけではなく、人魚姫のアリエルのことだが、自分の名前があちこちから聞こえてきて、当人（当犬？）はどう思っていたのだろう……。

夢の国ではみんな笑顔。「かわいい！」「アリエル！」の連呼で、いつも以上にアリエルのしっぽはルンルンで楽しそうに見えた。

［女優犬］

写真撮影の時はきちんとお座りしてカメラ目線。撮影してくれる人の「ＯＫ」の言葉でパッと立ち上がってしっぽを振る。テレビＣＭや番組、YouTubeなどにもたくさん出演した。そのたびに、カメラテストを含めて何度も同じところを歩いても、カメラが回っていることがわかっているのか、姿勢よく楽しそうに歩いてくれる。

階段を降りるシーンでは、ばっちりカメラ目線で、「私すごいでしょ？」と言わんばかりの誇らしげな表情だ。もちろんモデルポーズで内股歩き。女優犬アリエルである。

本当はそのまま通り過ぎてほしいシーンなのに、カメラに向かって一直線！　これにはみんなで大笑いだった。

[天使のしっぽ]

「アリエル」は人魚姫の名前でもあるが、もう1つ意味がある。大天使の中にアリエルという天使がいるそうだ。大天使アリエルについて調べてみたら、自分を信じて前に進めるように、勇気を与え導いてくれるほか、直感に従うことで奇跡を引き寄せられるようサポートをしてくれて、夢を現実化する達人と書いてあった。

思えばアリエルのおかげで勇気を出して一歩踏み出せたことにより、奇跡が起きて、夢が現実になったということがたくさんある。

先に書いた初めての1人と1頭での旅をしたことがきっかけで、いろいろな人との縁ができ、その縁の中で知り合った人と結婚をした。夫と初めて会った日、いきなり夫の膝に座ってしっぽを振っていたことを思い出す。アリエルにはこのご縁がすべてわかっていたのかもしれない。人と会うことが大好きな我が家には、多くの友人が遊びに来てくれる。その中心には、みんなを見上げていつも楽しそうにしっぽを振っているアリエルがいる。

3

歴代4頭へ捧げる短歌
20年の感謝を込めて

上林洋子（かんばやし・ようこ）
79歳
新潟県新潟市
ユズ

■シェル、ターシャ、フィズ、ユズ、ありがとう！

盲導犬ユーザーとなって20数年が経った今、出かけたい時に出かけられる幸せに感謝しながら、シェルからターシャ、フィズ、そして今のユズに引き継がれたハーネスを握って歩いています。見えなくなって単独歩行をあきらめていた私に、再び歩く勇気をくれた4頭のパートナーたちよ！「ありがとう！」

［盲導犬歩行の初訓練］（平成7年7月）

シェル号の眼は澄みているという指導員に渡されしハーネスしかと握りぬ

右へ寄る歩みの癖を直されつつ盲導犬歩行ひたすら受くる

［一緒に登った富士山］

十名と二頭のパーティーついに今浅間《せんげん》神社の鳥居くぐりぬ

富士山頂ついに立ちたり一本のミネラルウォーターシェルと分け合う

［「あうは別れの始めなり」つらいつらい別れ］

七年を使い来し食器おろおろと洗うシェル号リタイアの朝

「ありがとう一緒にいっぱい歩いたね」頭撫でつつハーネス外す

シェルの骨納めんとして抱きたり手に蘇るふわふわの毛並み

「ターシャよろしくね！」（平成14年5月）

ビロードのような毛並みのターシャ号今日から一緒に「さあ歩こうね」
ぴったりと寄り来るターシャに従いて心新たに訓練受くる
伴いし盲導犬が尾を振りぬ夫の来るらし駅の待合室
「かんばやしさーん」吾より先に盲導犬がすっくと立てり歯科の受付
かなしみは胸内深く折りたたみ最後の散歩のハーネス握る

「フィズ、よろしくね！」（平成22年5月）

札幌の駅の地下街恐れなくハーネスに従い訓練受くる
ジンフィズ、バイオレットフィズ、吾と暮らすアイパートナーは盲導犬フィズ
11年11月11日11時11分11秒ワンワンデーハーネス握る
盲導犬は盲導犬を見返りぬユーザー同士のすれ違う時
盲導犬伴いバスに乗り込めば案内しくるるぬくき手の人
生き急ぐ犬の命よすりすりと寄り来るときに骨の鳴る音

足取りのもつれる気配にリタイアの近きを知れりハーネス哀し

［ユズよろしくね！「ボク、男の子だよ！」］（平成30年6月）

一息をふっとつきたり明日からは四代目ユズとの方便《たつき》の始む

「おっはよう」ユズ君ユッちゃんふんわりの毛並みの家族がすり寄りてくる

エリアメール突如響けり大地震に寄り来る犬と戸口へ急ぐ

餌と水のリュックを背負いユズ号と防災無線へ耳そばだつる

長電話の吾の手ぺろり舐めてからユズはぺちゃぺちゃ水を飲みおり

「この子はね」友は盲導犬をそう呼びてズームにアップし自己紹介す

手招きして呼びよすユズの耳元に「好き！」とささやくしっぽが揺れる

ハーネスを握りて散歩の遊歩道今日も遭いたり杖つく足音

投票台の下にユズを座らせて候補者の名を点字で記す

捜しもの私の帽子寝そべっているユズはたぶん知っているはず

粉雪をクックッと踏みしめユズ号とバス停目指す大寒の朝

4

絵本刊行、フリーダイビング、絵画展、保護犬活動すべては2頭の盲導犬のあと押しです

セアまり
（せあ・まり）

74歳
東京都
フリル（1頭目）
ベーチェル（2頭目）＝2024／4／15に引退
2024／5に（3頭目）のパートナーが決定

写真＝沖縄・久米島の海中から上がる私を船の上で迎えてくれたベーチェル。
■撮影／ Go Hayakata

■水中にも盲導犬の笑顔

今は亡き初代の盲導犬・フリル、２０２４年春には引退を迎える二代目・ベーチェル。そして三代目の盲導犬を迎える決心をした時、今までを振り返るこの本の執筆の機会をいただき、感謝いたします。

[後ろ向きだった私]

岡山で幼少時代を過ごした私は、視覚障がい者の画家である父に育てられました。心配性とマイナス思考な彼は、私が挑戦したいことにはすべてストップをかけ、「外は危険がいっぱいだ」と、私は家の中で過ごす日が多かったです。高校卒業後はデザインを学びたいと上京し、両親から離れてやっと自由を得ました。

自分で選んだ友禅《ゆうぜん》染《ぞ》めの着物の工房での修業はとても厳しい毎日でした。その後、染色の学びも仕事も自由に続けることに理解ある相手と結婚しました。しかし、主人は癌を発症し、結婚生活10年のうち3年ほどの闘病生活の末、小さな子どもを残して亡くなりました。加えて、私の目の病状はとても進行し、笑顔は消えてしまったのです。

[盲導犬との出会い]

そんな時に、日本盲導犬協会に行く機会をいただきました。動物好きな私はそれまで、盲導犬の訓練は厳しいものと誤解していたため、盲導犬ユーザーになるという選択はまったくありませんでした。でも、とても楽しそうに、しっぽを振りながら訓練を受けている候補犬に出会い、私の心に変化が起きたのです。

私の盲導犬の概念を変えてくださったのは、日本盲導犬協会の多和田悟さん。２０２３

年に国際盲導犬連盟から、世界の盲導犬育成事業における功績を称《たた》える「ケン・ロード賞」をアジア初で送られた、とても素晴らしい訓練士さんです。その多和田さんに、その時出会えたのです。今振り返ると、なんて恵まれた出会いだったのかと、あらためて感動しています。

私は図々しくも多和田さんに、「主人に変わるような、大きな頼りがいのある盲導犬をいただけますか?」と申し込みました。待ちわびる私のところにやって来たのは、小さな黒ラブのフリルだったのです。

共に暮らすようになって、その小さなかわいい姿の内に、主人のように大きな心と大きな愛が潜《ひそ》んでいることに驚かされる出来事がたびたびありました。フリルの教えは「北風と太陽」そのものでした。生き方の先生となり、私の心を修正していってくれました。そして私は〝生まれ直し〟ができたのです。

[初の挑戦絵本の企画]

私の本として、フリルとの楽しい海のことを描いたファンタジーな絵本、『もうどう犬フリフリとまり』(作・セアまり、絵・はまのゆか/幻冬舎エデュケーション)があります。この物語に出てくる、盲導犬が海に潜《もぐ》るシーンは読む人に誤解を与えてしまう可能性があると心配する私に、「あなたと盲導犬が共にハッピーであることが一番」と多和田さんが背中を押してくださいました。

また、視覚障がい者の方も絵本を楽しんでいただきたいとの私の強い思いから、絵本作家のはまのゆかさんに協力していただき、今までなかった「絵本へのガイド音声」を付けることもできました。自分自身がなんでも知りたい性格のため、描かれている絵の世界のすべてを、鉛筆の色や太さまでも細かく、はまのさんにお願いして解説していただきました。

パピーウォーカーさんにも声優として参加していただき、ナレーター、状況音などはプロの友人たちが協力してくれました。これは絵本では初めての試みのガイド音声です。これをきっかけに、〝勇気〟と〝力〟が湧き始めました。フリルが横にいると魔法にかけられたように、次から次へとやりたいことが溢《あふ》れ出てくるのです。

それから私の生活は、前へ前へと動き始めました。そんな前向きな姿が、朝日新聞の「天声人語」に掲載されたことをあとで知り、自分でも驚きました。

[フリーダイバーになる]

その絵本をかばんに入れて向かった先は、盲導犬との初めての海外旅行となった、ハワイ島・コナ。そこで、以前からスキューバダイビングを指導していただいていた松元恵さんから、初めてフリーダイビングのトレーニングを受けました。

フリーダイビングとは、スキューバのようにボンベの空気を使って潜っていくものではなく、自分自身の息と精神力、体力を頼りに潜っていく競技です。この体験に興奮してトレーニングを楽しむ私を、フリルは海上のゴムボートから、見守ってくれていました。

かつて50歳の時、この先に目が見えなくなることを覚悟し、「最後に海の中を見ておきたい」と、沖縄でスキューバを初体験したことが始まりとなり、ダイビングの虜《とりこ》になっていきました。ほとんど視力がなくなった60歳を目前に、ボンベを外しフリーダイビングの競技へとのめり込んでいった私の姿を両親は、きっと空からひやひやして見ていることでしょう。

トレーニングの成果もあり、公式の大会に出ることができた時も、ドキドキする私の心をプールサイドからやわらげてくれたのがフリルでした。フリルの引退後、そのお仕事はベーチェルへとバトンタッチされました。

フリーダイビングの技術を極めたいと、ベーチェルとプールに通い練習を重ねました。プールでの待機も多くなり、そんな時は自分からケージに入っていきます。沖縄にもたびたび行き、飛行機も大好き。また、片道25時間かかる小笠原までの長い船旅も、それなりに楽しんでいました。このようなベーチェルの落ち着いた心があるから、私はなんのストレスもなく海に潜ることができるのです。

フリーダイビングは精神に大きく左右される競技。その気力をくれたのはもちろん盲導犬たち。ストイックになるのが当たり前の世界大会でのオープナー。プール際で応援してくれていたから、競技中苦しくなった時、ベーチェルの笑顔が水の中でも浮かんできて、大きな1枚のフィンを、もう一振りもう一振りと上下に振り、あと10秒あと5秒と息を延ばすことができたのです。

落ち着いた心で「ここで上がろう」と頭を上に向け手さぐりで、ロープを探し水面に顔を出しました。大きく息をして、落ち着いて指でOKサインをつくり、「アイムOK」と声を出し、競技の最後の決まりを果たしたのです。ジャッジの「ホワイト」という声のあと、みなさんの拍手と歓声。大舞台にて、一息で87mという自己ベストを更新し、大成功を収めたのでした。

上の席にいるであろうベーチェルに向かって、「やったよー」と笑顔で叫びました。

［歩行をさえぎるシャルル・ボネの世界］

私には、20年ほど前から、毎日、朝に目覚めてから夜深い眠りに落ちるまで、目の前に何層も幻の絵が重なって見える「シャルル・ボネ症候群」が出ています。それはうっとおしいほどたくさん出てきて、15年ほど前からは特に症状は強くなり、色とりどりの鮮やかな模様や、海外のコミック雑誌から抜け出してきたような人々の顔が動きながら動物の顔へと変わっていくものが出始めたのです。

電車の中、海の中、ドライブ中など、どこでも現れますが、歩行の邪魔をするほどのシャルル・ボネには戸惑います。実際にはない道が現れたり、まだ来ていないと思うバスが停車したり、いないはずの人も多く出てきます。そんな時、現実に見えるものだけを見て誘導してくれる盲導犬に頼ることができました。

シャルル・ボネ症候群は、人によっては怖いものや気持ち悪いものが出る人もいるのですが、私の場合、見えるものの多くは、芸術的な美しいものであることは救いです。それでも疲れて心が落ちる時もありますが、そんな時も、盲導犬のしっぽが足に当たると落ちた気持ちも消してくれ、元気を取り戻すことができるのです。

そのシャルル・ボネで見えてくる世界を、サポートしてくれる人たちの力も借りて絵として描き、東京と神戸アイセンターで個展を開催しました。

■ YouTube セアまり「見えない私が描く〝シャルル・ボネ症候群〟」

[生きる姿勢をあきらめないで…]

子どもの頃から今まで、命ある生き物たちへの思いは揺るがなく続いています。

フリルを迎える時、自宅にすでに保護犬・保護猫がいることを協会にはお話ししていました。ずっと保護活動に関わってきた私なので、自分の目が見えなくなったことで、家族になったこの子たちを途中で放棄することは絶対できないことも話しました。

その犬も年をとり、目は見えなくなり耳も聴こえなくなりました。それでも最後まで散歩をねだり、排泄を助けてあげ、20年生きてくれました。そこには2匹の盲導犬の助けがあったのです。左手にハーネスを、右手に全盲《ぜんもう》の保護犬のリードを持って毎日散歩に出かけました。

この状況で、周りの人が不安な気持ちになるのではと多和田さんに相談しました。多和田さんは、「あなたが盲導犬を持つことでやりたいことをあきらめることは、本末転倒ではありませんか？　あなたに合った盲導犬を育成しました」と、また背中を押してくださったのです。毎日散歩をし続け、その姿から、〝どんな状況になってもどんな状態になった子でも飼い続けてほしい〟という、保護犬活動への私のメッセージを送り続けることができたのです。

フリルとベーチェルのリレーでつないでくれた私の思い、心より感謝しています。

活動名はセアまり。地球上の命あるすべてのものが生きやすい環境を願い、「Cooperating Environment with Animals」の頭文字〈C・E・A〉を取って「CEA →セア」としている。著書に、エッセイ集『ふりふりが空から降りてきた』（燦葉出版）、絵本『もうどうけんふりふりとまり』作・セアまり／絵・はまのゆか（幻冬舎エデュケーション）、絵本『もうどう犬べぇべ』文・セアまり／絵・平澤朋子（ほるぷ出版）がある。

5 難聴にもなって盲導犬のありがたさを痛感 全盲夫婦と2頭で心を寄せ合って

セレス（ハンドルネーム）

東京都 ティーダ（3頭目）

■人生のパートナー・3頭の盲導犬

私の3頭の盲導犬は、それぞれのライフステージになくてはならない「人生のパートナー」です。

盲導犬が欲しいと本気で思ったのは、30年ほど前にスペインで行われたイベント「インターナショナル・ホリデーズ」に参加した時でした。それはバルセロナ近郊の海沿いの町で、一ヶ所のホテルに10日ほど滞在し、スペイン文化を味わい、地中海での海水浴を楽しみ、語り合うというもので、その実行委員長をしていた男性が、盲導犬を使って自由に動きてきぱきとイベントを進めていました。

白杖《はくじょう》歩行で十分と思っていた私でしたが、非常に驚き感動し、ぜひ盲導犬を持ちたいと思ったのでした。また、この旅ですっかりスペインに魅了され、スペイン語を勉強してスペイン各地を一人で旅するのが、私の大きな夢となりました。

1990年夏、最初の盲導犬・セレス（イエローラブのメス）がやって来ました。セレスは、初めのうちは戸惑っていたようでしたが、3ヶ月ほどでしっかりした盲導犬に成長しました。私がヘアドライヤーを使っていると「私にもやって」と飛んでくるし、掃除機をかけていると「私にもかけて」と足元に寝転ぶし、姉御《あねご》っぽい犬でした。

初めての盲導犬を伴ってのスペイン旅行は、1992年夏の「インターナショナル・ホリデーズ」でした。そして翌年には、サラマンカへ4週間語学留学しました。ホームステイ先から学校までの2㎞を毎日2往復し、夜は、広場で毎晩行われる学生音楽グループ「トゥーナ」の演奏を聴きました。

帰国後は、夏休みや年末年始など長い休暇に、スペイン各地の小さな町や村を旅しました。セレスは見知らぬ街でもしっかり誘導してくれるばかりでなく、荷物にも目配りしてくれました。ホテルでは、部屋・エレベーター・レストランなど自由に移動し、街も安全に誘導してくれたので、気軽に出歩くことができました。また、時には友だちのように心に寄り添ってくれたので、不安なく、暖かいスペインの人々と出会い、素晴らしい音楽や文化にも触れ、いつも充実した旅を楽しめました。

セレスの老後の面倒をみるよと何人もが申し出てくれましたが、私はどうしても手放す気になれず、犬の老いを感じるようになってからは、出張の時には自宅で休ませるなど、セレスの仕事を少しずつ減らしました。そしてドッグフードを食べなくなったのを期に引退させ、私が勤めに出ているあいだは、近所に住んでいた母に世話をしてもらいました。セレスは15歳と7ヶ月で虹の橋を渡っていきました。

セレスが亡くなってしばらくはペットロスに陥《おちい》り苦しみましたが、翌年夏に友だちと行った「つま恋ライブ」で、吉田拓郎の歌が心に染みて思いっきり泣いたら、やっと憂鬱《ゆううつ》から抜け出せたのでした。

２００７年春、母が認知症の確定診断を受けた時、母の介護をするためにも、母の心を癒《いや》すためにも、やはり盲導犬が必要と考え、その秋、２頭目の盲導犬・ネリー（イエローラブのメス）を迎えました。ネリーはドライヤーも掃除機も怖がり、遠雷《えんらい》でも落ち着かなくなる気の弱い犬でしたが、仕事はしっかりしてくれました。

最初の数年はスペインにも何度か行きました。特に、２０１０年の「バスツアーによるサンティアゴ巡礼」で、トータルで10㎞程度の巡礼路を一緒に歩いたのは、懐かしい思い出です。

母の認知症が進むと、一人旅も国内のみとなり、介護中心の生活となりました。よくネリーと通院に付き添い、母が外出して迷子になると一緒に探しに行きました。ネリーは夜も母の寝室のすぐそばで眠り、母をトイレに誘導する時はいつも後ろからついて来て、見守ってくれていました。母が長い距離の自力歩行が難しくなった頃、それでも旅行すると認知症が3ヶ月分ほど改善するので、連れて行きたくて、駅員のアテンドや車椅子の貸し出しをフル活用して旅をしました。

仕事では出張が多く、都内各地の福祉関係の施設などに出かけました。

週末には、中学の頃に習ったギターを弾くようになり、あちこちの小さなライブハウスのオープンマイクや、中島みゆき・伊勢正三・さだまさしなどを歌う会で、弾き語りをしました。私がステージに向かう時に座席で待っているネリーは、最初ちょっと落ち着かなくなりますが、私が歌い始めると聞き耳を立てて静かに聞いていたようです。

また、ライブを聴きに行くのも楽しみで、特に小田和正のツアーは日本じゅう出かけました。母の認知症が進んでからは外泊ができなくなったので、金沢、仙台、福島、新潟、静岡などへ、日帰りで聴きに行きました。盲導犬がいたからこその、介護と仕事と趣味の両立でした。

2019年春、母が急逝《きゅうせい》し、母の介護が生きがいとなっていた私は生きる希望を失い、たんたんと通勤する日々でしたが、その冬、年末年始を家にいて一人で過ごすのがイヤで、8年ぶりにスペインを旅しました。そこで、やわらかな日差しの中、地元の人に道順を聞きながら、広場からホテルまでをネリーと歩いていた時、ふつふつと生きる気力が湧いてきたのでした。

その直後、コロナ禍に突入。在宅勤務や外出困難の中、次第にネリーは足腰が弱くなり、階段の上り下りは1歩ずつゆっくりと歩くようになりました。そんなネリーのペースに合わせて、時間をかけて通勤しました。

2021年11月、SNSで知り合った旭川在住の盲導犬ユーザーと婚約。彼の盲導犬・シルクちゃん（6歳）と一緒に歩いていた時は、ネリーもとても元気で嬉しそうでした。けれど2022年1月、ネリーの体調が急変し、私を彼に委《ゆだ》ねるかのように、16歳を目前に虹の橋を渡っていってしまいました。

ネリーが亡くなった悲しみはなかなか癒《い》えませんでしたが、盲導犬ユーザー同士で生きていくためには、やはり私も盲導犬を持ったほうがいいと考えました。

２０２２年春に結婚。その秋、３頭目の盲導犬・ティーダ（黒ラブのメス）が家族に加わりました。この年はまだ旭川に住んでいた夫と遠距離暮らしのため、行ったり来たりの生活をし、「プチ新婚旅行」と称して日本各地を旅しました。ティーダは飛行機でも船でもホテルでも、どんな時でも動じることなく堂々と仕事をしてくれました。

そして昨春、夫が旭川の家を引き払い東京に出てきて、２人と２頭の生活が始まりました。シルクちゃんとティーダは、いい具合に付かず離れずで仲良く暮らしています。


私は２０２３年8月に突然右耳に変調をきたし、「低音障害型感音難聴《かんおんなんちょう》」と診断されました。２ヶ月ほど落ち込んで悶々《もんもん》とした日々を過ごしましたが、せっかくの人生、これで終わってはもったいないので、気持ちを切り替えて工夫して生活しようと決めました。

今は右耳の聞こえにくさにも慣れ、ほぼ以前と変わらない生活を取り戻しましたが、移動中に右側の音が十分聞こえない時、盲導犬がいて良かったと痛感します。

昨年10月から、自宅をリフォームするため、数km離れた町に仮住まいしています。まったく見知らぬ町での生活は全盲同士の夫婦にとっては大変ですが、２頭の盲導犬が道を覚えてくれ、街中を自由に歩けるようになりました。

シルクちゃんとティーダは訓練を受けてきた協会が違うし、夫と私は盲導犬の教育方針が違うので、よくぶつかります。私たちの暮らしは始まったばかりです。これからいろいろな困難もあると思いますが、2人と2頭で心を寄せ合い力を出し合って、楽しく充実した日々を歩んでいきたいと思います。

6 生まれたばかりだったヤッチンも小学生一緒に遊んだ6年間、私はずっと忘れないよ

三宅保子（みやけ・やすこ）
66歳
東京都
エリン（現在は引退）

■盲導犬と家族

私はエリン。2015年3月に、盲導犬としてお母さんのところにやって来たんだ。お母さんの家族は、お父さんと娘さん、それに娘さんの旦那さんという4人家族でした。でも、翌年の12月には、お母さんにとって初めての孫娘である「ヤッチン」が生まれ、5人家族となったんだ。

病院で生まれたばかりのヤッチンに会った時は、そのバタバタ動く小さな足で蹴られるんじゃないかと思ってびっくりしたよ。病院からお家《うち》に初めてヤッチンが来た時、記念にと写真を撮ったよね。私は、いつもは冷静沈着なんだけど、嬉しくてついちょっとはしゃ

いでしまったよ（パチリ！）。

ママはお仕事をしているので、ヤッチンは翌年の春から保育園に通園を始めたんだよ。私は毎日、玄関でヤッチンのお見送りとお迎えをしたんだ。保育園から帰ってきたヤッチンを、ママのお仕事が終わるまで、私とお母さんとで面倒みていたんだ。ヤッチンはゆりかごの中で笑ったり、泣いたり、すやすや眠っていたり、私は隣りにダウンして、その様子をずっと眺めていたんだ。かわいかったなー。

ヤッチンはすくすくと育ち、ハイハイしていたと思ったら、ある日立ち上がって歩き始めたんだ。私はとても嬉しかったよ。ヤッチンの顔と私の顔とが同じ高さにあるんだもの。ついつい顔を舐めちゃってごめんね。

ヤッチンが走り回るようになると、私もつられて走り回りたくなっちゃう。でもお母さんに叱られるのでいい加減にしないとね。

ヤッチンといろいろ遊んだね。ままごと遊びでは、「どうぞ」と出されたごはんを食べようとしたらみんなニセモノなんだもの。私はやっぱりホンモノのほうがいいなあ。お医者さんごっこでは、ヤッチンがお医者さん、私は患者さん。お口の中をアーンと診られたり、聴診器でお腹をポンポンされたり、注射をされたり、ヤッチンの相手をするのもなかなか大変！

ヤッチンが公園に行きたいという時、お母さんがヤッチンの首に鈴の付いたリボンをかけるんだ。こうすれば鈴の音でヤッチンのいるところがわかるものね。ヤッチンは公園の中をあっちこっち動き回るので、お母さんはついて歩くのが大変。もちろんお母さんをアシストするのが私の役目。ヤッチンを見失わないよう責任重大なんだ。お母さんが私からちょっと離れる時、ヤッチンに私のリードを持たせてこう言うんだ。「エリンがどこかに行かないようにしっかり持っていてね」。でも私はお母さんの本音を知ってるよ。こうすればヤッチンがどこかに行かないからね。グッドアイデアだね。お母さんは私を信頼してくれていて嬉しいな。

いつの間にかヤッチンも大きくなって、気がついたら私の顔のずっと上のほうに顔があるんだ。もうヤッチンの顔をすぐに舐められないよー。でもままごと遊びがボール遊びに変わって、私としては良かったな。でも、もう少しボールを上手に投げてほしいんだけど……。ボールがどこに飛んでくかわからないんだもん。

ヤッチンも6年間通った保育園を卒園し、いよいよピカピカの小学1年生。ランドセルが重いって嘆《なげ》いていたね。まだまだ甘えん坊に見えるんだけど、学校ではちゃんとやっているのかな？　保護者の一人として私は少し心配なんだ。

この頃は、ヤッチンは私と遊ぶよりテレビゲームのほうが楽しいみたい。ちょっと寂しいなー。私ともっと遊んでよ。もう少しで私も引退。お母さんのおうちから今度は私が1歳まで過ごした広島のおうちに行くんだよ。広島のお父さん、お母さんが私の帰りを首を長くして待っているそうなんだ。

いよいよヤッチンともお別れだね。私のことずっと憶《おぼ》えていてね。私もヤッチンと過ごした思い出、ずっとずっと忘れないでいるよ。また会おうね。その日までさようなら。

7 ほっこりエピソードがたくさん！散歩犬を驚かして喜ぶイタズラなヤツ

中嶋 琢（なかじま・たく）

50歳
沖縄県
ジュエル

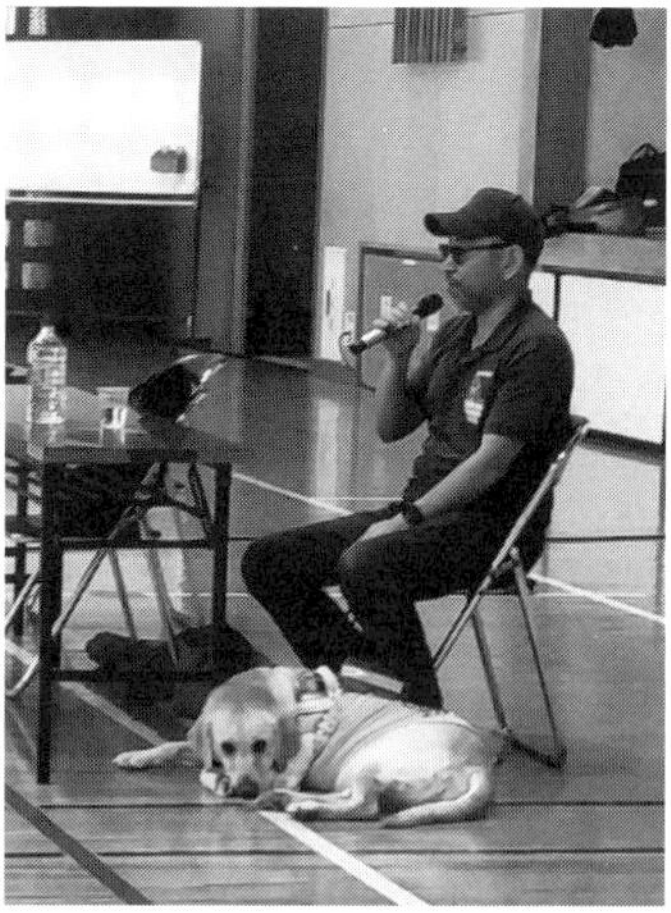

■盲導犬と歩く愉快な日々

ボクが盲導犬のジュエルと出会ってから、もう6年が経とうとしている。これまでジュエルと共に歩んできた日々を思い起こすと、数知れない愉快痛快な出来事があった。盲導犬と一緒に生活できることが喜びと思わせてくれた、滑稽《こっけい》な出来事の瞬間。そこを捉えたスナップショットとして、ボクの記憶の中に焼き付いてしまったようだ。そんな記憶のスナップのコレクションから、特にほっこりするエピソードをいくつか書き記しておこう。

［水たまり］

盲導犬の中には、雨の中を歩くのが嫌いな子がいるのだが、ジュエルはしっぽをブンブン振りながら、ピチピチャプチャプランランランと楽しく歩いてくれる。ところが、ユーザーであるボクは雨の中を歩くのが嫌いなので、仕事でもない限り、雨の日には散歩に出かけない。雨が上がったら出かけたくなる性分《しょうぶん》なのだ。

そんな雨上がりにジュエルと歩くと、さすがは盲導犬、ちゃんと水たまりを避《よ》けてくれるのだが、水たまりを避けるのは自分だけで、ボスであるボクは水たまりの中を歩くことに……。障害物ならボクのことも考えて避けるのに、なんで水たまりは避けてくれないのか。普段の鬱憤《うっぷん》を晴らそうとボクを水たまりに落として楽しんでいるのではあるまいか。超ムカつくー……と言いたいところだが、しっぽブンブンのお茶目なこいつの横にいるとかわいいから許しちゃうのだ。ジュエル、あんたツイてるよ。かわいい子は得をするってこのことかもしれないね。

［ショッピングモール］

ボクとジュエルは毎朝散歩に出かけるんだけれど、歩いている人が割と少ない地域なので、たまには人ごみを歩く練習をしておかないといけないなということで、ときどき近所のショッピングモールの中をぐるぐる歩きに行く。

そこで何か買いたいものがあるわけではないし、見えない目で何かを物色に行くわけでもないので、お店からすると冷やかしに見えるかもしれないが、ボクとジュエルにとっては、障害物をたくさん避けて楽しめる刺激的なアスレチックフィールドとなっているのである。

そうそう、言い忘れていたが、ジュエルは短足ながら歩くのがとても速く、グイグイ引っ張る子なので、人込みの中を歩くのはスリル満点なのだ。混んでいる土曜日の夕方なんかは、まるで〝首都高を爆走する走り屋〟の感覚なのかもしれない。ハートはドキドキ、鼓動はバクバク、アドレナリンをたっぷり分泌させてくれるのである。ジュエルはフェラーリのドライバーで、ボクが助手席に座っているイメージだ。イタリアの車だからハンドルは左、まさにジュエルがハンドルを握っているのだ。あ、でもジュエルのハンドルを握っているのはボクだし、指示役もボクだけどね。

そしてひときわ目立つボクらは、前をノロノロと走る車やトラックのような買い物客を縫《ぬ》うように追い越しながらフロアを駆け抜けるのだ。買い物客の目はボクたちに注がれて、「カワイイ!」だとか「おっきいワンワン!」だとか、いろいろな声が流れてくる。人々の注目を浴びたジュエルは、ますますしっぽをブンブンと振り、「あたしゃそこらのワンコと違うのよ!」と言わんばかりに、さらにきびきびと盲導犬の素晴らしい動きをギャラリーに見せつけるのである。

そんな感じで各フロアを上階から順番に回り、盲導犬ってのはこういうもんだと見せつけつつ、ボクは「ジュエル、あんたそのくらいにしておきな！」なんて言って、我々ユニットは確かな満足感に浸《ひた》りながらモールをあとにするのであった。

［びっくりオバチャン！］

ショッピングモールやデパート、またスーパーなどの廊下をジュエルとルンルン歩いていると、前方から歩いてくる人はたいてい盲導犬に気づく。けれど、同じ方向に歩いて行く人は当然、後ろから迫りくるワンコの存在を意識することはない。

そしてなぜかジュエルは、たとえ廊下が広くても、人の横をかすめるように追い抜くのである。追い抜かれた人は、人間ではないモフモフした何かが視界に入った途端に、ついつい口を開かずにはいられないのだ。「わぁ、犬だ！」「あら、盲導犬、カワイイ！」だとか「あ、大きいわんわん！」だとか、一人言にせよ二人言にせよ、そんな声を聞いたジュエルは嬉しくなっちゃって、しっぽをブンブン振り回し、もっと聞かせてくださいなと、次の追い越しにかかるのだ。

そんなある時、廊下の角を左に曲がった途端に、オバチャンとばったり出くわした。これまたビックリ仰天《ぎょうてん》！　まさに顔を天に向け、両手も万歳と天に向け、「うわあぁ！　ビックリしたぁ！」と叫ばれたのだ。そんなにビックリしないでよ！　ビックリするのはこっちのほうだと思いつつ、びっくりオバチャンをその場に残しつつ、「ジュエル、あんた人をビビらせて、いったいどういうつもりなんだ!?」と問いただすと、しっぽをブンブン振り回す。

ああ、なるほど、ボクと同じだね。でも、「腰を抜かしちゃう人がいたら大変だから、廊下の角はゆっくり曲がろうね」ということにした。

〔小賢《こざか》しい性格〕

ボクとジュエルは毎朝近所の公園へ散歩に出かけるのだが、早朝といえども、ジョギングやテニスを楽しむ若者から、ヨガやラジオ体操をするご老人まで、あらゆる世代の人々がどこからともなく集まってくるのだ。最近はペットと住める集合住宅が増えたためか、ダックスフントや豆柴のような小型の散歩犬と出くわすことが多くなった。あっちでワンワンこっちでワンワン。ペットオーナーたちの我が子自慢の井戸端会議を皮切りに、朝からワンコの集会が行われているのである。

そこでは、遊びたくなる仲間があちこちからジュエルに遊ぼうと声をかけてくるのだが、そこはさすがに盲導犬、吠える犬には見向きもせず、知らんふりして通り過ぎるのだ。「あたしゃそこらのワンコとは、ひと味違うタケヤ味噌」ってな具合だろう。

そんな立派なジュエルだけれど、こちらに気づいていない、あるいは何も反応せずに黙って通り過ぎようとするワンコに対しては、なぜかちょっかいを出しにいくのである。その手口は巧妙で、前からやって来る散歩犬には、ボクが気づかないよう少しずつ方向を変え、相手のワンコが騒ぎ出し吠え始めるところまで近づくのだ。前方を同じ方向に進む散歩犬にも徐々に方向を調整し、忍者のようにこっそり背後に忍び寄り、そのワンコは気づいた瞬間にワンワンキャンキャン吠え始める。

突然近くで吠えられて、ビビっちまうのは人間であるこっちのほうだ。ワンワンキャンキャンが始まると、逆にジュエルは何もなかったかのような振る舞いで、吠えるワンコには目もくれず、まっすぐ前を見て歩き続けるのだ。吠え立てる愛犬たちを止めようと飼い主さんはあたふたしながら自分たちの犬を叱りつけるのである。「こら、バカ、やめなさい、お仕事中でしょ、邪魔しないよ!」ってな具合だ。

はやし立てたのはジュエルのほうなのに、叱られるのは決まって相手のワンコである。「あたしゃ今お仕事中、あたしに吠えるなんて最低ね、へへーんだ、怒られた、怒られた!」ってなもんだ。そんな哀れなワンコをあとに残し、盲導犬の立派な歩きを見せつけるジュエルはなんとも小賢しい性格なのである。ジュエル、あんた何でこんなことするのかと問いただすと、満足そうにしっぽをブンブン振り回す。ああ、なるほど、そりゃ滑稽《こっけい》だ！でもね、相手の犬がよくしつけられていてあんたを無視したら、あんた「盲導犬なのに散歩犬に寄っていくって」バカにされるから気をつけな。

8

3頭のパートナーはみんな違ってみんないい 子どもの入学式、卒業式、結婚式も一緒

金田福美
（かなだ・ふくみ）

兵庫県
マックス

■おはよう！

朝、リビングに入って声をかけると、ハウスの中でしっぽが揺れる。まるで太鼓のお稽古みたいに、「トントントン、トトトントントン」とハウスを叩く音で1日がスタートします。マックスは3頭目のパートナー。3頭は、みんな違って、みんないい。

弱視から徐々に視力が下がって全盲になった私は、2人の子どもたちが中学生・高校生だった、子育てが終わるまであと少しとなった時に、盲導犬との生活を始めました。

学校行事や塾などには、ほかの保護者のように単独で行きたい。そんな願いを叶えてくれたのが1頭目のパートナーでした。保護者の懇談会《こんだんかい》の日には、交流を深めましょうとラ

ンチに誘っていただきました。まさかの入店拒否も、みんなで交渉してくれて、おばさんパワーで入店することができました。それ以後は、お誘いの電話の時には必ず、「盲導犬も大丈夫なお店だからね」と、前もって確認してくれていたので、安心して参加できました。

高校の入学式に卒業式、大学の入学式に卒業式と、節目のイベントにもまった不安なく出席できました。娘の高校の卒業式の数日後に、1頭目のパートナーは早期引退となりました。

2頭目のパートナーはとても元気な子。健康に恵まれて、元気いっぱいで任期満了。娘の結婚式の少し前に引退しました。デビューしたばかりの3頭目のパートナーと、結婚式で母親の役目を無事務めることができた時、盲導犬との生活を選んで本当に良かったと思えた瞬間でした。

もともと、これといった趣味などもなく、積極的に社会参加する性格でもなかった私なので、視力の低下に伴《ともな》って、引きこもる日が増えていきました。朝はまだ少しは見えていても、夕方帰る頃には見えなくなっている。そんな状態が続いていたので、どうしてもの用事でなければ、進んで外出ができなくなっていました。そんな時、ある一冊の本がきっかけで、「そうだ　盲導犬と歩きたい！」と思って、見えない何かに背中を押されるように盲導犬協会にお話を聞きに行きました。

すぐに盲導犬と歩けるわけではないので、待っている間に白杖歩行の訓練を受けたり、点字を指で読む練習をしたりと、あれこれ準備をしながら待ちました。

先天性の弱視だったので小学校から盲学校で学びましたが、就職して、結婚、子育てなど、弱視だからそれなりに不便なことはあったけど、周囲の人に助けられながら晴眼者《せいがんしゃ》の中で生活していたので、視覚障がい者のお友だちとは疎遠《そえん》になっていました。

盲導犬の貸与《たいよ》を待つあいだに、視覚障がい者支援施設に通うようになって、そこの仲間から多くのことを学びました。見えなくても「こうすればできる」ということ、五感のフル活用と、たくさんのスキルを分けていただきました。

盲導犬と歩くようになって私の生活は一変。1日の生活のリズムがしっかり作れるようになりました。冒頭に書いたように、朝は決まった時間に起床。パートナーのお世話から始まって、朝の家事、お出かけ準備と、ぼんやりしている時間はありません。もっとも、パートナーのほうはいつまででも待てるんですけどね。

普段はとってもおとなしいマックスですが、家族でお出かけする日は、どんなにごまかしてもバレてしまって、まるで動物園のオラウータンのような声を出して騒いでしまいます。これじゃ我が家が留守になることが近所じゅうに知れわたって、防犯上よろしくないなと思うのですが、家族全員でのお出かけが嬉しくてしかたがないのでしょうね。

前の2頭のパートナーたちは、私の子育てには不可欠な存在でした。マックスと歩くようになった頃から、子どもたちが自立して自分の時間が増えてきたので、母親の存在から一歩抜け出して、一人の女性として社会参加できるようになってきました。


長かったコロナ禍も、5類移行後は少しずつ行動範囲が広がりつつある中、1年くらい前からあたためていた仲間たちとの夢が形になって、盲導犬10頭と12人での沖縄・伊江島《いえじま》の旅が実現しました。この一歩をきっかけに、お誕生日が来たら7歳になるマックスと、最初の数年間の足踏み状態から抜け出して、大きく羽ばたけたらいいなと思っています。

私が昔、大好きだった秋の青い空が灰色に見えるようになった時は本当に悲しかったけど、その灰色の空も見えなくなる頃には、頭の中で鮮やかな青い空を描けるようになっていました。

そして今、手を伸ばせばそこに、必ず寄り添ってくれる、やわらかであたたかいパートナーがいて、思わず呟《つぶや》くのです。

「私、し・あ・わ・せ！」

9 全盲の夫のギターと私のフルート 夫婦でのステージには盲導犬と共に

村上真理子（むらかみ・まりこ）

52歳
茨城県
代替え訓練を秋に予定しているため不明

■私と盲導犬の音楽ライフ

私は、茨城県那珂《なか》市に住んでいます。現在、夫が開業している鍼灸マッサージ治療院を手伝ったり、フルートで演奏活動をしています。

［私の目］

「真理ちゃんは、お目々がぱっちりしていてお人形さんみたいでかわいいねぇ。誰に似たんだっぺ？」

幼い頃、近所のおじちゃんおばちゃんによくそう言われていました。けれど、私が5歳の時、幼稚園の先生に視力が弱いのを指摘され、先天性緑内障《りょくないしょう》の目の病気が見つかりました。両目とも眼圧《がんあつ》を下げる手術を何度も受けてきましたが、それでも病状はゆっくりと進行して、現在の視力は、左目はほぼ見えず、右目は10㎝前くらいに物があると中心部でなんとか見える程度です。

盲導犬と歩いて約15年。現在（令和6年2月）、2頭目のパートナーのギルと歩いています。黒いラブラドールレトリーバーの彼は、7月で10歳になるので、もうすぐお仕事引退です。ギルと歩くと、段差につまずかず物にもぶつからず安全なのはもちろんなのですが、私が何よりもラクチンになったのは階段の下りでした。

今までは手すりに掴まり、1歩ずつ両足を揃えてから前に出していたのが、ギルと一緒だとハーネスを握っているだけでトントントンと軽やかに下れるようになったのです！外出が楽しくなったのは言うまでもありません。そして私の演奏活動でも、ギルはステージ上でなごやかな雰囲気をみなさんに届けてくれています。

［盲導犬と歩くきっかけを作ってくれた愛犬チャチャとの出会い］

２００５年12月1日の午前3時過ぎ、我が家で泥棒未遂《みすい》事件が起きました。

眠っているとドンドンと裏の勝手口を壊す音が聞こえたらしいのですが、私はまったく気づきませんでした。私が目覚めたのは「人が来た！」と言って非常ベルを鳴らした夫の声でした。幸いにしてドアを壊されただけで何も被害なく泥棒は逃げてくれました。

後日、友人から連絡があり「子犬が生まれたから見に行こう！」と誘われたのです。誕生日を聞いてびっくり！　泥棒が入った日と同じ夜にその子犬は生まれていたのでした。これは私たちの運命の犬だな！　とすぐに決断。番犬としてチャチャは我が家の家族になったのです。

じつは、それまで私は犬が苦手でした。小さい頃に大きな野良犬に追いかけられたり、手を噛まれ怖い思いをしたからです。今でも、ほかの家のペット犬はなかなか触ることができません。そんな私が犬を飼うなんて、この事件がなければ考えられないことでした。

チャチャは、顔はシェパードで、体は柴犬のような茶色のミックス犬。三角耳とクルンと丸まったしっぽがかわいらしい、穏やかでおとなしい犬でした。成犬になると体重は20kgになり、大きいので庭にいるとまるで番犬のようでしたが、ほとんど吠えませんでした。それどころか治療室にいらっしゃるお客様にいつもちぎれんばかりにしっぽを振ってお迎えするので、いつの間にか患者様のセラピー犬のようになっていました。

チャチャが来てくれたことがきっかけで、私は盲導犬と歩きたいと思うようになったのです。本当にチャチャのお陰。

［演奏活動とギル］

私は、中学時代からフルートを吹いています。吹奏楽部でフルートを吹いていた姉たちの影響を受けて、フルートの音色に心惹かれるようになりました。

音楽の短大にも進学。ずっとフルートを続けていたことでギターを弾く夫と出会い、結婚後はずっと、主に夫婦で演奏活動をしています。盲導犬も加わってからはさらにパワーアップしたというわけです！

夫婦で開催するコンサートは、鍼灸マッサージの内容を曲のあいだにお話する「健康に聴くコンサート」と、フルートとギターの演奏やお話を楽しんでいただく「癒《いや》しの実《み》コンサート」です。演奏中、ギルはずっとステージ上の私の足元にいます。

じーっとよく寝ているのですが、コンサートの最後の曲のあとの私たちの挨拶《あいさつ》、「ありがとうございました！」にだけは反応してパッと立ち上がり、お客様は大喜び！

1頭目の盲導犬ユズは、よく演奏中にくるくる回って寝返りをしていました。お客さまには、「ユズちゃん、演奏に合わせてダンスしているみたい！」なんて言われることもしばしば。みなさん、いろいろ想像しながら楽しんでくださっているのでしょう。

フルートとギターのオリジナル曲は30曲ほどあります。ほとんどが自分の日常生活でイメージが沸いてきたフルートのメロディーに、ギターで伴奏を作る形でできあがります。1頭目のパートナー・ユズと一緒に歩けて良かった、きっとユズも私と歩けて良かったなぁ、と思ってくれていると嬉しいという気持ちを描いた曲、「ユズ、よかったね」。2頭目のパートナー・ギルと軽快に歩いている時にできた、「ギルギルグー！ グルグルギー！」という曲もあります。

２０２０年の春、コロナ禍で演奏活動ができなくなった時期に、YouTubeで動画配信も始めました。「村上真理子 村上守 Music＋視覚障害者夫婦リアル／盲導犬ギル、ビーグル犬ララと暮らす日常」のタイトルでオリジナル曲や盲導犬と暮らす日常のあれこれなども配信中です。ぜひご覧ください。

夫婦で開催するコンサートのほかに、学校や福祉施設や企業などに、演奏で招かれることがあります。最近でちょっと面白かった会場の思い出は、とんかつ屋さんでの盲導犬チャリティーコンサートでした。ある日、映画センターの上映会の前座で30分程度の演奏をしたのですが、それを聴いていた盲導犬に関心のあるとんかつ屋さんの店長からのお誘いでした。チケット300円で、カツサンドとドリンク付きで私たちの演奏を楽しんでいただく企画です。コンサートは大勢のお客様で大盛況！　人気者のギルも、しっぽをパタパタ振って喜んでいる様子でした。

演奏活動をしていると、お客様からいろいろな感想をいただきます。まず「フルート&ギターの演奏は、心洗われるようですね」など音楽に関するもの。盲導犬については、「初めて、こんなに近くで盲導犬を見ました！」「ステージの上でも本当にお利口《りこう》なんですね」など。そのたびにいつも私は、盲導犬のこと、もっともっと知っていただくのは大切だなぁ、と感じます。

私には、好きなフルートを演奏して楽しんでいただくことが一番の喜びで、そこにパートナーの盲導犬もいてくれることが本当に幸せです。これからも、盲導犬と一緒に「私の音楽」と、「盲導犬と歩くことの幸せ」を多くの人にお伝えできたら嬉しいです。この文章を読んでいただいているみなさん、ぜひあなたの街にもお誘いくださいね。

10 別れの時「ダウン」「シット」「ストレート」「ゴー」と声を掛け力いっぱい抱きしめてあげました

福尾 貢（ふくお・みつぐ）
68歳 兵庫県 エルモ

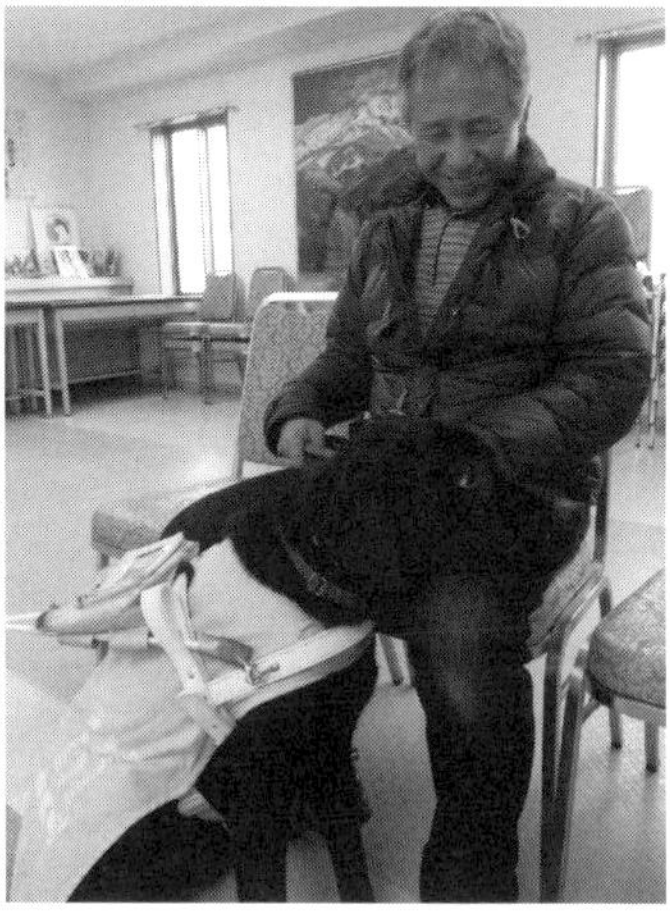

■盲導犬との別れ

私の所属する育成団体では、盲導犬が10歳を迎えると引退することになります。すなわち新しいパートナーにチェンジすることを意味するのですが、ペットとの別れとは違って、命を終えての別れではありません。引退犬ボランティアに引き取られて、愛情をいっぱいに受けながら余生を送ることになります。

パートナーとの別れは大変につらく、いや、つらいとひと口には言い表せない感情を味わうことになります。私は2年前に、このひと口では言い表せないパートナーとの別れを迎えました。いずれはやって来る別れだと覚悟はしていましたので、さほどの動揺もなく、その日を迎えるはずでした。

次のパートナーとの共同訓練に入るために気持ちの整理をしながら、「長いあいだ、ありがとう」「お前のことは忘れないよ」「引退したらゆっくり身体を休めろよ」と、声をかけることが多くなりました。でもおそらく、普通どおり進めば、その日が来た時に涙を流すことはあっても、その後の多忙なスケジュールに追われて、別れたパートナーのことで感傷的になっている暇はなかったと思います。


しかし、別れが3週間後に近づいた頃、パートナーが突然、嘔吐《おうと》しました。それまではとんどの場合は一過性で、出すだけ出せば落ち着くのが常でしたので、心配はしていませんでした。しかしその時は収まることなく、食事は摂《と》るのですが、すべて吐いてしまう。そんな状態が続いて、最終的に水分さえ摂れなくなってしまったのです。

獣医師に診断を仰ぎましたが、原因は特定されず時間だけが過ぎていきました。水分が摂れないので、点滴で補《おぎな》っていましたが、この状態が続けば、あと数日しか持たないと告げられ、今まで大きな病気もケガもしないで私のサポートをまっとうしてくれたパートナーに対して、何もできない自分が情けなく、そして申し訳なくて、胸が押しつぶされそうでした。

家族と過ごす時間よりパートナーと過ごすほうが、いや眠る時も一緒だったので、24時間を共に過ごしたパートナーは、私にとって共に戦った戦友であり家族でした。何にも代えることのできない存在だったと、その時にあらためて気づきました。

「アップ」と声をかければ、食事も摂れず点滴だけで命を長らえている状態でありながらも、足を踏ん張り立ち上がりトイレを済ますことを、息を引き取るその朝まで続けてくれたのです。大型犬なのでトイレを介助するのが大変なので、最後まで私の手をわずらわせることのないように頑張ってくれていたのでしょう。

目に力がなくなり、もうダメだなあと思い始めた時、パートナーを担当された訓練士さんが様子を見に訪ねて来られました。その時点までは、呼びかけに目を開けることはできても、頭を持ち上げることができない状態でした。それが訓練士さんが部屋へ入って来られて「状態はどうですか?」と声をかけた瞬間に、頭を持ち上げ、しっぽで床をポンポンと叩いて、力を振り絞り反応したのです。息を引き取る3時間ほど前のことでした。

娘が「お父さん、すごいよ、目が濁っていたのに澄んできたよ!」と声を上げたほどでした。それからしばらくして、大きな息を一度。それが最後でした。

別れの時「ダウン」「シット」「ストレート」「ゴー」と声をかけ、力いっぱい抱きしめてあげました。

注射や採血の時もしっぽをブンブン振って「君はなんでも嬉しいんだなぁ」と言われたほど、本当に手のかからないパートナーでした。

私の人生で盲導犬との出会いは、視力を完全に失ったことを受け入れて、一歩前進の糧《かて》となり、自信を与えてくれました。

盲導犬育成に携わっていただいたみなさん、そして支援していただいた方々に感謝の言葉を。そして今は亡きパートナーには「私と最後の最後まで共に歩んでくれて本当に、本当にありがとう」と……。

11 ヤードは引退後にパピーウォーカーのもとへ 5頭との濃い思い出、そしてお別れ

清水和行（しみず・かずゆき）
63歳
広島県
ファイン

■幸せのバトン

先日、ブラインドテニスの練習に行った時のことである。更衣室《こういしつ》で着替えていると後ろから声がした。「盲導犬か。かわいそうに」その人が障がいのある人か、そうでない人かは、目の見えない私にはわからなかった。私は、ファインの頭をなでながら、「彼はしゃべれないので本当のことはわかりませんが、たぶん幸せって感じていると思いますよ」と答えることしかできなかった。

多くの人たちが盲導犬に対して好意的な目を向けてくれる。ありがたいことである。しかし、盲導犬のことを「かわいそうに」と思っている人もいるのだ。

その人はたまたま声に出して言っただけで、心の中でそう思っている人は多くいるのかもしれない。目の見えない私たちのことを「かわいそうに」と言う人がいる。ファインが「かわいそうに」と言われた時、同じような心の痛みを感じた。

私たち盲導犬使用者は、盲導犬のおかげで安全で快適な歩行を得られている。しかしそれは、盲導犬の犠牲の上に成り立っているものではいけない。盲導犬自身も幸せでなければならない。目の見えない私たちも、盲導犬たちも、共に幸せであることが、盲導犬を支えてくださっている多くの人たちに対する感謝の表明のように思う。

盲導犬になった犬たちが幸せであること。それは、盲導犬として私たちと暮らしている時だけでなく、この世に生を受けてから亡くなるまで、すべての時間がそうでなければならない。私たち盲導犬使用者だけでなく、盲導犬協会の職員やボランティアのみなさんが、心を込めて一頭の盲導犬の一生に関わってくださっているのだ。

私は現在6頭目の盲導犬と歩いている。と言うことは、これまで5頭の盲導犬とお別れしたことになる。そのうち1頭は、半年間の現役を経て、盲導犬協会のPR犬としてキャリアチェンジした。したがって、4頭の盲導犬が引退ボランティアの家庭にお世話になったことになる。私はこれまで、このすべての引退犬ボランティアの方と交流させていただくことができた。中でも、ヤードの引退犬ボランティアさんとの思い出はとても強く心に残っている。

私がヤードと歩き始めたのは２００５年８月。まだ１歳８ヶ月の若い男の子だった。すらりとしたボディーでしっかりと歩いてくれるヤードは頼もしかった。しかし、エスカレーターは苦手なようで、いつも私を階段に誘導した。また、自動改札の扉に顔を叩かれたことがいやで、いつも駅員のいる有人改札を探していた。よく言えば自己主張をきちんとする子で、ある意味、頭のいい子だった。

「おいおい、また階段か。でもエスカレーターよりも早いから、まあいいか」「おいおい、どこに行くんだよ。そうか、点字ブロックに沿って行くと有人改札っていうわけか。考えたなあ」そんなヤードと折り合いをつけながら歩くことが、私にとっては楽しい時間だった。

２００９年10月から11月にかけて、全日本盲導犬使用者の会の発足15周年記念イベントとして、東海道五十三次の全行程である５００㎞を、１００名の盲導犬使用者と１００名のボランティアとでリレーしながら歩いた。私とヤードもこれに参加した。ヤードのパピーウォーカーの三谷さんにもお会いすることができ、一緒に歩いた。銀座を歩いて日本橋にゴールしたのは、全日本盲導犬使用者の会の〝誕生日〟である、11月23日の夕刻だった。

２０１２年5月22日は補助犬法成立10年目の記念日ということで、東京スカイツリーのオープニングイベントに参加させていただいた。来賓《らいひん》の王貞治さんをはじめ、多くの関係者に混じって、介助犬使用者の木村佳友《よしとも》さんや聴導犬使用者の松本江理さんと共にテープカットもさせていただいた。その後、首相官邸に行き、野田総理大臣を表敬訪問することもできた。この時、「5月22日が補助犬の日になると良いのですが」と呟いたのだが、これも日本介助犬協会の申請により、日本記念日協会に正式に認定された。


病気知らずのヤードも、２０１２年12月14日で9歳になっていた。ヤードといろいろなところへ行き、いろいろな経験をした。楽しかったヤードとの生活もあと1年。ヤードの引退先を決めなければならない。以前から私は、ヤードのパピーウォーカーだった三谷さんのもとへと考えていた。三谷さんもそれを望んでいてくださった。ただ、先住犬《せんじゅうけん》のウィルマがいるので、そのことだけが気になっていた。

そんな時、２０１３年に東京で開催された全国障害者スポーツ大会に、広島県チームとしてグランドソフトボール競技で出場することになった。三谷さんは横浜在住なので、その間、ヤードのお試しショートステイとなった。結果は特に問題なし。ヤードは三谷さんのところへ行くことが決まった。

２０１４年３月、ヤードは、私との８年７ヶ月の生活を終えて、三谷家の一員となった。部屋に入るとすぐに自分のおもちゃ箱からお気に入りのおもちゃをくわえてきて、部屋の中を走り回った。そんな姿を見せるヤードは、白杖で広島へ帰る私を安心させてくれた。これで新しい盲導犬との共同訓練に集中できる。


ところが、その年の11月のある日、三谷さんから悲しい連絡があった。ヤードの脾臓《ひぞう》が破裂《はれつ》して手術したとのこと。血管肉腫《にくしゅ》だった。引退する時の健康診断では何も問題はなかったのに。幸い、その後の容体は安定していた。

ヤードのお見舞いに行けたのは11月29日。小学６年生の娘と横浜に向かった。横須賀の専門学校に通っている19歳の息子も来てくれた。ヤードは思ったより元気そうに見えた。その夜は、ヤードと同じ部屋で休ませていただいた。静かな夜を過ごすことができた。翌日は、少し散歩することもできた。もしかしたら、このまま元気になるのではないかと思うほどだった。そして、後ろ髪を引かれる思いで広島へ帰った。

翌日の12月１日、三谷さんから電話があった。ヤードは静かに天国へと旅立った。その連絡だった。言葉が出なかった。私たち家族が会いに行くまで、ヤードは頑張ってくれたんだ。なんてあっぱれなやつなんだろう。ありがとう。本当にありがとう。

ヤードは12月14日で11歳になるはずだった。大好きな三谷さんとわずか9ヶ月しか一緒に暮らせなかった。三谷さんの悲しみもどれほどだったろう。しかし、短かったとはいえ、ヤードと三谷さんが共に過ごした時間は、とても濃いものだったのではないか。ヤードにとっても三谷さんにとっても、共に幸せな時間だったのではないか。ヤードと私が共に過ごした時間のように。


盲導犬になるために生まれてきた犬たちは、関わったすべての人たちを幸せにしてくれる。盲導犬になるために生まれてきた犬たちは、関わったすべての人たちに幸せをつないでくれる。そして、盲導犬になるために生まれてきた犬たちに関わったすべての人たちは、犬たちの幸せをつないでいく。私はそう信じている。

私は、2021年3月に引退したルーラの引退犬ボランティアさんから、ときどきルーラの様子をうかがっている。そして、2021年3月から私のパートナーになったファインのパピーウォーカーさんに、ファインの誕生日である11月15日にファインの様子を電話している。その日には盲導犬協会からも「お誕生日おめでとうコール」の電話がかかってくる。これからも盲導犬がつないでくれた絆《きずな》を大切にしていきたい。

12

4頭の犬たちに人生をもらったハーネスを持ちながら走り手を振り叫んだ瞬間

金井恵美子
（かない・えみこ）

神奈川県
ガーデニア（1頭目）
コルチカム（2頭目）
マイケル（3頭目）
バーニッシュ（現在の4頭目）

［犬という生き物］

子どもの頃から動物が好きだった。私が大学を卒業するまで、家族4人、県営団地に住んでいたため、動物に触れる機会はあまりなかったはずだが、先天盲《せんてんもう》だった私の世界を少しでも広げようと両親は、動物と触れ合うこともできる動物園などによく連れて行ってくれた。特に、種類によって形や大きさが大きく違う犬は、飼えないこともあって、長いあいだ憧れの的だった。

そんな私が盲導犬を使うことになったのは、今から30年ほど前のこと。バスに乗り遅れそうになり、杖を持って走った結果、電柱に激突して額を12針縫うケガをした。もともと、一人暮らしに賛成していなかった両親からは、実家に戻るか、盲導犬を使うかの選択を迫られ、当然のように盲導犬ユーザーとなる道を選んだ。

現在の黒ラブ・バーニッシュを含め、4頭の犬と暮らしてきた。それぞれに良いところと困った点があり、けっして快適なことばかりではなかった。

普通の人は、悪意なく、盲導犬に夢を持っている。ポジティブなものとしては、「賢い、忠実、健気《けなげ》、視覚障がい者が自由を手に入れられる」などだろうか。そしてネガティブなものとしては、「過酷な労働をさせている、自由がない、厳しい訓練を受けなくてはならない、寿命が短い」などではなかろうか。これらの盲導犬に対するイメージは、事実と異なっているものが多い。特に「寿命が短い」には根拠がまったくなく、「働かされているから早死にしそう」と、人間の過労死的なイメージを重ねているにすぎない。

そもそも、ラブラドールレトリーバーという犬種は、小柄な子でも体重が20kg。大柄な子では30kgを軽く超える。そして、大きさに関係なく、鋭い牙と、人間とは比べようもないほどの高い運動能力を持っている。

それと、基本的には言葉は通じない。少なくとも、話し合いや説得はできない。犬が本当に拒絶しようと思えば、ピラミッド建築現場の石のように、押しても引いても動かなくなるし、本気で人間に敵意を持てば、こちらは捕食対象。全力疾走すれば時速およそ36㎞！　秒速10ｍなので、5秒ほどで晴眼者もお手上げとなる。そんな犬に、どうやって無理やり仕事をさせるというのだろうか？　どちらかというと、使われているのは人間のほうなのではないか？　と思うこともあったりなかったり。

盲導犬にはお金がかかる

盲導犬を貸与していただく時には、自治体からの補助や企業からの援助があり、犬そのものにお金を支払うことはほぼない。しかし、生活を共にする上でのランニングコストは普通に自腹となる。医療費の助成が受けられる自治体もあるようだが、その数は両手に満たないほどの数である。獣医師協会や獣医師個人の好意で、薬代などをちょこーっと割り引いてもらえることはあるようだが、基本的には自分でなんとかしなければならない。

そのほかにも、大型犬だからかかるコストもある。たとえば犬用のシャンプーならば、「皮膚のケア」などと謳《うた》っている商品では、250㎖で3000円くらいするのに数回で使い切る。人間の家族はポンプサイズで600円くらいなのに……。フードにトイレ用品、服にリネン類、そして医療費。ほかにも、列挙すればきりがない。

先日、30年間で盲導犬に対しての経費がどれくらいかかったか、ざっくり計算してみたら、おおよそ600万円ほどだったことがわかって固まった。

[盲導犬ユーザーは腰をやられる]

私を含め、腰や膝を酷使しているユーザーは多い。排便の始末のために1日に何回も、腰をかがめてのスクワット姿勢になるからだ。敷物の交換や服の着脱、ブラッシングに給餌……。抱きかかえる必要が生じることさえある。

想像してみていただきたい。10kgの米袋2つを常に傍《かたわ》らに置いている感じである。もちろん生き物なので自発的に動いてはくれるが、世話をしようとすると、こちらとは生活空間の高さが違うのである。

ああ、今日も腰が痛い！

[盲導犬ユーザーは荷物が多い]

敷物、トイレグッズ、水やフード、レインコートにタオル。用心深い人は着替えや紙おむつまで持っている。出先で犬が下痢をしないという保証がどこにもないからだ。

私は、犬の荷物をできる限りコンパクトにまとめることに命を賭けているので、トートバッグ1つで外出するが、そもそもそのトートバッグ自体が、双子《ふたご》の赤ちゃん対応のママーバッグと同じサイズだった。

なんだか、盲導犬を使用することにあまりメリットがなさそうという印象を持たれそうな話になってしまったが、正直、お金も手間もかかる。では、なぜ盲導犬と共に歩く人生を選んでいるか。あらためて考えてみようと思う。

4頭の盲導犬の詳細は以下のとおりである。

長女「ガーデニア」イエロー
次女「コルチカム」ブラック
長男「マイケル」イエロー
三女「バーニッシュ」ブラック

ここでは、長男・マイケルとのエピソードを紹介しようと思う。

マイケルは、3頭目にして初めて迎えた男の子だった。女の子には付いていない物が付いていて、ちょっとびっくり！　男の子はかなり甘ったれで、すごくやさしいから使いやすいよと友人から聞いていたとおり、マイケルはとても性格が良く、やさしくて、育ちが良かった。
我が家では、ドッグフードのほかに、たまのおやつとしてリンゴを与えていて、長女・次女共に大好物で、小ぶりのリンゴを丸かじりしていた。ところが、マイケルにリンゴを丸ごと与えたところ、しばらく匂いを嗅いだり舐めたりしていたが、やがてくわえて返しに来た。そして、ドッグフードを待つ時のようにすっとお座りして、じっとリンゴを見つめていた。「えっと、食べ方わかんない」という吹き出しが頭の上に見えた気がした。しかたなく、皮を剥《む》き、芯を取り、いちょう切りにして皿に入れてあげたら、嬉しそうに食べ始め、それ以来、何度丸ごと与えても必ず返しに来た。「切って！」ということらしい。

ボランティアさんたちと湘南にハイキングに行った時、あのあたりの柄の悪いトンビに、私が手にしていたどら焼きを持ち去られた。ところが、そのトンビはちょっとどんくさくて、せっかく奪取したどら焼きを落としてしまった。そして、そのどら焼きは、まるで漫画のようにマイケルの目の前にポトリと落ちた。「わーっ！」さすがにこれは拾い食いしちゃうか！　とそこにいた全員が絶叫する中、マイケルはどら焼きをくわえて「ママ、これ、拾った」と返しに来た。「えっ？　ラブのくせに!?　なんで!?」と、マイケルの体調の心配までしてしまったものだ。

誘導も上手で、5歳を過ぎる頃には、新宿や渋谷などでは、私よりマイケルのほうが詳しいくらいで、「Kデパートだよ」とか「○○劇場だよ」というだけで道を選んでくれたし、安全な裏道なども彼は熟知していた。本来なら、新宿の裏道など怖くて通れないものだろうが、体重30kgのオス犬と歩く私には、怖い者は何もなかった。

そんなマイケルだが、大変困ったクセというか、志向があった。それは、若い女性が大好きということ。特に好きなのは、20歳前後の小柄で天然っぽい子。一度など、通勤電車の中であまりにじっとしているので、「あれ？」と思って頭を触ったら、知らない女性の膝に頭を乗せて爆睡していた。慌てて叱ると、なんと！ 彼女のほうがびっくりしてカバンを落とし、「ああ、なんか、あたたかくて気持ちいいなぁと思ってました」とのこと。彼女も眠っていたらしい。

そんなマイケルとの思い出の中でも、生涯忘れられないものがある。詳細は書けないが、マイケルが我が家に来てもうすぐ1年という夏。私は会社のプロジェクトに参加し、3週間を北海道のリゾートホテルで過ごすことになった。多くの若い人が参加するワークキャンプのようなもので、私は福祉関係のブースを受け持っていた。若い人たちと交流し、点字や視覚障がい者への接し方などを伝えるプログラムで、参加者の中には、精神的な問題を抱えている人もいた。そこでマイケルは、大きな役割を果たしてくれた。

視覚障がい者と接した経験のない人のほうがあきらかに多く、普段は支社で勤務している私たちのことを、本社のメンバーもよくは知らなかったと思う。ホテルではツインルームをマイケルと私だけの専有にしてくれたことから、ちょっとお客様扱いされていたようには思う。

気が小さい割には愛想がいいマイケルは、初対面の本社のメンバーにも挨拶をして回り、キャンプに参加していた若い人たちには、さらに積極的に近づいていった。特に、精神的に問題のある人を見分けてそっと寄り添う姿勢には、持って生まれたセラピストとしての素養を感じずにはいられなかった。

晴眼者の社員は参加者のお世話をするのが仕事であり、障がいがあるとはいえ、同じようにスタッフ参加している私は、基本的には自力で行動しなければならなかったが、リゾートホテルは驚くほど広く、これが困った。初日だけ、本社の社員がホテル内のオリエンテーションをしてはくれたが、当てがわれていた部屋から食堂まではエレベーターを乗り継いで10分ほどかかり、大浴場へはモノレールに乗らなければならなかった。

マイケルは3日ほどでホテルの中を把握したが、ときどき一緒に迷子になり、外国人の群れに取り囲まれたり、誰も通らない通路に迷い込んだりと、まるで異世界小説に出てくるダンジョンにいるような気分だった。

若い参加者の中には、マイケルに触りたいという人も多かったので、私は一定のルールを決めて、どんどん触ってもらうことにした。ハーネスを付けている時はマイケルはいないものとしてスルーすること。触りたい時は、3人ずつくらいまでとして大騒ぎはしないこと。写真撮影ではフラッシュをたかないことなど。

みんなはとてもよく理解してくれて、初日にはスタッフとほとんど会話ができなかった参加者も、マイケルに触っている時には笑顔になった。私一人だったら、数百人の中にうまく溶け込めなかったと今でも思う。障がい者に接したことのない人はとても多い。しかし、犬に接したことのない人は少ないのではないだろうか。直接でなくても、犬ならよく知られている。そんな犬が傍らにいてくれることで、「見たことのない障がい者」から「よく知っている『犬』を連れた障がい者」という具合に、近しさが加わったのだと思う。

キャンプの最終日、S字型の道を去っていくバスを、スタッフ全員で走って追いかけて、曲がり角で先回りして見送ろうということになった時、当然私は参加できないと思った。

ところが、ほかのスタッフが走り出すと、まるでその計画を理解していたかのように、マイケルも全力で走り出した。晴眼者のスタッフと同じように、丘を駆け下り、小川を飛び越え、手を振りながら走るバスを追いかけていた時、私がどれだけ幸せな気持ちだったか、多くの人はなかなか想像できないだろう。

晴眼者ばかりの職場にいて、できる仕事はたくさんあり、それなりに充実していたと思うが、けっしてみなと同じではなかった。しかし、ハーネスを持って晴眼者と同じように走って、手を振って、叫んだあの瞬間、スタッフ全員が私の障がいを忘れていたと思う。私も忘れていた。マイケルは、私が望んだから走ってくれたのだと信じている。

犬に無理やり仕事をさせるなんて、どうやってもできないことなのだ。訓練で走る、小川を飛び越えるなどということは教えていないのだから。そうではなく、犬はいろいろと折り合いをつけて、「盲導犬という状態」を私に与えてくれている。そして、その状態を維持できるかどうかは、私自身の努力にかかっているのだと思う。

盲導犬は歩行手段ではない。ましてや道具であるはずもない。人間の家族同様にお金を使い、子どもにするように世話をし、同僚として支え合い、親にするように悩みを聞いてもらう。どんなにお金と手間暇がかかろうと、時には入店拒否されて落ち込もうと、自分が選んだ盲導犬と歩む人生は、なんと豊かであたたかいものになったことか。

もし、この子たちと出会っていなかったら、勤続30年も銀婚式も私の人生には組み込まれていなかったと思う。私は犬たちに人生をもらったのだ。

だから、盲導犬について、虐待《ぎゃくたい》だなんだと騒ぐ人たちのことは気にならない。試しに失明してみるなんてことができない以上、この幸福を味わう機会は、彼らにはけっして訪れないのだから。

13

8頭の親友たちと一緒に歩いた半世紀 乗車拒否や入店拒否も乗り越えて

大津かほる（おおつ・かほる）

78歳
長崎県平戸市
アルファ

■盲導犬との出会い

1頭目の盲導犬・アリスと出会ったのは、昭和52年の秋でした。

私は高校1年生の時に緑内障で両眼とも同時期に失明して、20歳で盲学校の本科へ入学し、25歳で卒業と同時に結婚しました。結婚して子どもが生まれ、その子がだんだん成長していくにつれて外出する機会が増えてきました。でも、その頃の私は、白杖歩行が苦手で、限られたところしか歩けませんでした。ですから、どこかへ行きたいと思っても一緒に連れて行ってくれる人を自分で探さなくてはなりませんでした。今のようにヘルパーさんの制度もありませんでしたので、これがけっこう大変な作業で、こちらと相手の都合が合わなくてあきらめざるを得ない時も珍しくありませんでした。

「行きたい時に行きたいところへ一人で出かけられたらどんなにいいだろう」と、いつもいつもそう思いながら暮らしていました。

そんなある日、新聞に盲導犬の記事が載っていて、夫が読んでくれました。それを聞いた瞬間、私は「あっ、これだぁ！」とすぐに決断。さっそく盲導犬のことをいろいろと調べ、昭和52年の春、日本盲導犬協会に申し込み、秋には1頭目のアリスと出会いました。

当時は盲導犬になる犬は少なく、犬種は何種類かいたようです。アリスはエアデールテリアで、まるでぬいぐるみのようなかわいらしいワンコでした。

アリスと初めて2人だけで外出した日はドキドキしながら歩き始めましたが、家に帰り着いた時は本当にホッとしたのと同時に、心から嬉しさが沸き上がってきました。その時の気持ちは今でもはっきり覚えています。人の手を借りずに自分の意志で行動できるということが、こんなにも自分を豊かにしてくれるのかと、心からそう実感した瞬間でした。

それからの私の日常生活は徐々に変わっていきました。子どもの保育園への送り迎えはもちろんのこと、近くの商店街への買い物も、郵便局や銀行へも、自分の都合のいい時間を見つけて一人で行けるようになりました。行動範囲が少しずつ広がっていき、電車やバスに乗って研修会やイベントにも参加するようになり、行く先々で知り合いも増え、自分もちゃんと社会参加しているという実感を持てるようになりました。

私は、アリスを含めて8頭の盲導犬たちと出会ってきました。グチを聞いてくれたり、また時にはやさしく癒してくれたり、8頭のパートナーたちは、私の人生を一緒に歩いてきてくれた本当の親友です。

1頭目のアリスの頃は、まだ全国でも盲導犬の頭数は少なく、九州全体で福岡県に1頭いるだけ。アリスは九州で2番目の盲導犬でした。周囲の人たちは、まだまだ盲導犬がどんな犬なのかを知らない人が多くて、「その犬は目が見えないのですか?」と聞かれた時は本当に驚きました。

タクシーの乗車拒否は毎度のことで、ホテルやレストランも入店拒否がほとんどでした。電車やバスに乗るのも、雨の日やラッシュの時は遠慮してほしいとか、乗せる時は口輪《くちわ》をしてくださいなど、いろいろと制限がありました。それが、半世紀近く経った今では乗り物はすべて乗れるようになり、ホテルやレストランも快く受け入れてくれるところが増えました。すると、盲導犬と一緒に全国を旅行することができるようになり、私たちユーザーも行動範囲がずいぶん広くなりました。本当に嬉しいことです。

今では「補助犬法」もあって、盲導犬を取り巻く環境も、1頭目のアリスの頃に比べると大きく変わりました。歩行中に声をかけてくれる方も多くなり、いきなり触ったりする人は少なくなりました。

しかしながら、入店拒否はまだまだ存在していますので、これは今後も私たちがユーザーとしての義務と責任をしっかり果たし、取り組んでいかなくてはならない問題だと思います。

今あらためて、私と盲導犬の生活を振り返ってみますと、大勢のボランティアのみなさまと訓練センターのスタッフのみなさまの懸命な援助があったからこそ、豊かな盲導犬ライフを続けてこられたのだと思います。心から感謝いたします。これからも私たちユーザーとパートナーのために、末永くどうぞよろしくお願いいたします。

14

息子を叱る声にビビっているランを息子がかばう姿に怒る気がなくなって

舩木 修（ふなき・おさむ）
62歳 秋田県 ルナ

■盲導犬と子育て

38歳の時、病気で完全に視力を失った。失意の中、私に生きる気力を与えてくれたのは妻である。妻は病気で失明した時に入院していた看護師さん。退院後、私の今後のことについて相談に乗ってもらっているあいだに、お互い気になる存在になっていた。

ある日、彼女が職場の飲み会で出かけて、私は妻のアパートでお留守番。かなり遅くなった頃、彼女が帰って来た音が玄関でしたので向かった。彼女は少し酔っぱらっている様子で、「あはは、道路の側溝《そっこう》に落ちちゃった。冷たい」と。私が「なんで？」と言うと彼女は、「目が見えないってどんな感じなのか、知りたくて目をつぶって歩いてみたら落ちちゃった。あはは」そんなこともあり、私はますます一緒にいたいと思った。

盲導犬を勧めてくれたのも彼女。白杖で歩行訓練をして、資格を取るために盲学校へ通ったが、歩くのにかなり難儀《なんぎ》していた。それを見かねた妻が、盲導犬のことを教えてくれた。すぐに盲導犬協会に連絡して、その後はとんとん拍子に話が進み、盲導犬を持つことができ、盲導犬と一緒に盲学校へ通うようになった。そして1頭目の盲導犬・フルート号の貸与の6か月後に、息子が生まれた。

妻は産休後に職場に復帰。私はそこからは、子育てと盲学校での勉強との両立。目が見えないなんて言ってられなかった。妻が夜勤の時は、一人で息子にミルクをあげたり、おむつを替えたり、今考えるとよくやったと思う。よく乳母車《うばぐるま》に息子を乗せて、フルートと一緒に近くの公園やコンビニまで出かけたりもした。

あの頃は息子の子育てで精いっぱいで、フルートに十分な愛情を注ぐことができなくて今でも後悔している。それでも、3年間盲学校へ通えたのはフルートのおかげだと思っている。フルートは学校を卒業した春に病気になり、盲導犬の仕事を引退。その後はパピーさんのところで8歳までゆっくりと過ごし生涯を閉じた。

フルート、一緒に私の子育てを見守ってくれてありがとう。そして3年間、無事に盲学校まで連れて行ってくれてありがとう。

2頭目のパートナーは、ラン号。ランとは息子が低学年の時に、毎日のように児童館までお迎えをしていた。小学校の周りは坂が多くて道幅も狭い。息子の手を取りながら、逆の手にはランのハーネスを持って、という帰り道。

道路には白い線で歩道と車道の区切りがあった。息子は学校から必ず歩道の内側を歩きなさいと教えられていたので、忠実にそれを守ろうとする。しかし、そもそも狭い道、歩道の幅が2人歩くのがやっと。そこを2人と1頭で歩くには無理がある。息子はランに「ランちゃんダメだよ、ちゃんと歩道を歩かないと」と言ってどんどん押してくる。押されたランは、たまらず真ん中に寄ってくる。私は息子とランに挟まれて、とても歩きづらい。こんな感じで毎日のお迎えをしていました。

それでも、一番ランと友だちだと思っていていたのは息子。困ったことに、こっそりとおやつを分け与えていた。

ランはとてもビビリな性格。息子を叱って大きな声を出すとブルブルと震えていた。そうなると息子はランをかばって「おとうさん、そんなに大きな声出すと、ランちゃんかわいそうだよ」と言ってくる。自分が悪いことしたなんて反省が全然ない。でも、拍子《ひょうし》抜けして叱る気がなくなってしまったものだ。

ランが引退の時に一番悲しがっていたのも息子であった。

息子も20歳を過ぎ、私の子育てもひと段落。妻と子育てをしてこれたのも、盲導犬がいたからだとつくづく思う。

15

パートナーが寄り添ってくれたお陰で弱っていく夫を笑顔で看病し看取れた

56歳
埼玉県
タッチ

早川美奈子（はやかわ・みなこ）

■盲導犬がいてくれたから……ありがとうの気持ちを込めて！

20歳前後、ものすごい勢いで視力が低下していった。娘としても妻としても母としても……つらくて悲しくて、惨めだった。

白杖で歩いていた頃は、知らない場所に一人で行かなくてはならない時、胃がキリキリ痛むほど緊張したし、ぶつかったりつまずいたりして生傷が絶えなかった。ケガをするたびに自信を失い、外に行く勇気も半減した。そんな私に、行動する希望と勇気を与えてくれたのが、25年前、私の目の前に現れた盲導犬だった。

1頭目のアリスは家庭を切り盛りするために大きな力になってくれた。それまでは夫や友人、ヘルパーさんに頼りきりだった、日々の買い物や子どもたちの行事、外遊び。それをアリスは、その愛くるしさで周囲の気持ちをなごませ、私に手を貸してくれる人を呼び寄せ、どんな場所にも安全に誘導してくれた。何より幼い子どもたちにとっては、やさしいきょうだいのような存在だった。その反面、盲導犬に対する入店拒否や乗車拒否などの、厳しい現実を目の当たりにしたのは悲しかった。

2頭目のナディアは、我が家の苦悩の時代を全力で支えてくれた。働き盛りの夫が難病となり闘病生活が始まった。働きながら夫の留守を守りながら、子どもたちと一緒に闘病を支えることは、精神的にも肉体的にもつらくて苦しい日々だったが、ナディアが寄り添いあたたかく励まし続けてくれたお陰で、日々、弱っていく夫を笑顔で看病し、看取ることができたと思う。

3頭目のプルナスは、弱った私を新たな自立に導いてくれた。42歳で学生となり、あんま・鍼・灸の国家資格を取得し、働くことで経済的自立ができた。

4頭目のタッチは、子育ても一段落した私に、仕事、旅行、趣味など、自由で快適な潤いのある生活を支えてくれている。

4頭それぞれに得手《えて》不得手《ふえて》はあって個性的。みんな違ってみんないい！ この25年間、楽しいこともつらいこともたくさんあったけれど、いつでも私の傍らには、フワフワであたたかくて愛らしい、しっぽの生えたパートナーがいてくれる。

目が見えなくなってしまったことは不自由で不便ではあるけれど、こんな素敵なパートナーがいてくれることは、心強くて幸せで感謝の気持ちが溢れる……ありがとう！

これからも元気に笑顔で、いつまでも盲導犬と歩んでいきたい。

16 5頭と過ごしてきた33年間の思い出 ボランティアの方々の深い愛情に感謝

三輪利春（みわ・としはる）
72歳
島根県
グラン

■盲導犬と歩く人生

私は、歴代のサチ、イチロー、ノア、アランと、現在5頭目の盲導犬グランを貸与していただき、33年間を盲導犬と歩いています。

1988年（昭和63年）9月に事故により失明し、今年で、目が見えていた36年、見えなくなって36年と、同じ年月になりました。

失明したこともショックでしたが、翌年1月に、長年勤めていた会社から「有給休暇が切れたら退職届けを出してほしい」と宣告された時が一番つらかったです。その当時はまだそんな状況でした。家には小学校1年生の長女と、幼稚園年長の長男がいましたので、今後の生活について悩みながら暮らしていました。

１９９０年に地元の新聞記事を妻が見つけて読んでくれました。松江市の視覚障がい者の方に盲導犬を1頭貸与するという記事でした。普段の生活では、妻が家事や用事を終えてから「手引き」で一緒に散歩してくれていたのですが、盲導犬貸与の記事を読み、盲導犬と一緒に一人で自由な時間に歩きたいと思う気持ちがたかまり、盲導犬貸与のお願いをしました。

その当時、カセットテープで「声の広場」というグループを作っておられた、兵庫県朝《あさ》来《ご》市の視覚障がい者の友人Ｙさんに話をすると、ダークダックスの「合唱組曲・サーブ愛の物語」のＣＤをプレゼントしてくださり、それを毎日聴いて盲導犬に会える日のことを考えていました。

盲導犬の貸与を受けた年が１９９１年で、最初の盲導犬はサチです。

パピーさんから点字のお便りをいただいたことがきっかけで交流が始まり、何度か東京でお会いしました。また、パピーさんはサチの引退犬飼育ボランティアを引き受けてくださり、サチが亡くなった時も出かけました。

初めての盲導犬・サチとの出会いがあり、別れたくはないけれど別れがあり、そして新しい盲導犬との出会いがあることを知りました。

サチを貸与いただいた年の秋に、視覚障がい者のパソコン講習会が3ヶ月間、島根障害者職業センターで開催される記事をたまたま雑誌で見て申し込み、サチと一緒に通いました。その頃はDOSの時代で、パソコンを購入してパソコン通信を始めました。

また、その当時、1月3日に車の中でたまたまNHKラジオを聴いていたら突然、「声の広場」のYさんの、私とサチのことを詠んだ俳句が読まれて、びっくりしたことを覚えています。「さちという　盲導犬と　暮す幸」という句でした。とても嬉しくなりました。

1993年には、島根のボランティア有志が集まってパソコンボランティアグループが設立され、勉強会やイベントのお手伝いをしてきました。同時に「パソコンの病院・パソコンよろず相談室」などを開催し、島根県内各地をサチと一緒に歩きました。

また、有志で会社を設立する話があり、当初から私も役員として参加し、2004年には、障がい者の雇用を考えたNPO法人も設立しました。盲導犬と歩きパソコンを始めたことで、私の就労《しゅうろう》や社会参加につながりました。

2頭目のイチローはとても元気な男の子でした。パピーさんとも親しくお付き合いをさせていただき、イチローの引退犬飼育ボランティアもやってくださいました。

イチローは2010年12月に亡くなりましたが、会いに行くことができず、年が変わった2011年には東日本大震災が起きました。日本盲導犬協会の富士ハーネスも相当な被害が出たと聞いています。6月に引退犬飼育ボランティアさんのお宅に泊めていただき、一緒にイチローの遺骨を抱いて富士ハーネスに行きました。

3頭目のノアはとても利口な子でした。ノアと一緒にいろいろなところに出かけましたが、ノアのパピーさんにも2度お会いしました。

日本盲導犬協会の富士ハーネスが開設されたのは2006年で、10月に内覧会が開催されました。この時には前泊《ぜんぱく》して、ノアのパピーさんご家族と一緒にお台場を歩いたり、東京湾で屋形船に乗り美味しい料理をいただいたりしました。

内覧会では、外の座る場所に、ユーザーから募集した盲導犬の写真を貼ったタイルが敷き詰められています。我が家も応募していたので、サチ、イチロー、ノア、猫のむさしなどのタイルを探して見つけることができました。また、ノアがパピー時代に散歩で歩いた町を案内していただき、一緒に楽しく歩いたこともありました。

4頭目のアランのパピーさんとも東京でお会いしたり、ご家族で松江に会いに来てくださったりと親しくお付き合いさせていただいています。

2022年にアランが引退した時には、アランのパピーさんと、いつかアランに会いに行ければいいなと話していました。パピーさんが段取りをしてくださり、2023年6月に、アランの引退犬飼育ボランティアさんの広島県のお宅を一緒に訪問することができ、ボランティアさんは私たちを大歓迎してくださいました。

アランは家族のみなさんに愛され、かわいがられ楽しく暮らしていました。私がマスクを外すとアランはとても喜んでくれ、思いっきりしっぽをブンブン振り回し、私の顔を舐めてくれました。元気なアランに会えてとても嬉しく、みなさまにお会いできたことに感動し、アランの体をしっかりなでてあげました。

アランの今の生活を聞いたり、パピーさんから子犬の頃の話を聞いたり、ハーネスを付けるとすばらしい盲導犬だったことを私が話したりと、アランを囲んで楽しい〝アラン談義〟のひとときを過ごしました。

盲導犬は、生まれてから亡くなるまで、たくさんのボランティアのみなさまの深い愛情を受けて育てられていることをつくづくと感じながら、幸せな気持ちで帰路につきました。

盲導犬を通してたくさんの方々とお出会いできたこと、多くのあたたかいご縁をいただいていることに、感謝いたします。

17

目だけでなく耳の役目も！勇気をもらって手話劇団に聖火ランナー

櫻井ようこ
（さくらい・ようこ）

67歳　盲難聴《もうなんちょう》
埼玉県
アンソニー（1頭目）＝写真
スカイ（2頭目）
トリトン（3頭目）

■3頭の友と20年

［父との約束］

寿司職人だった父は大の動物好き。そんな父が突然病に倒れ余命宣告を受けたのだ。入院病棟の陽当たりのいい窓辺で、「よう、盲導犬が来たらどこか旅行しよう。楽しみだな」。もはや車椅子となり、歩くこともかなわない父の手に触れ、私は「うん、そうだね。どこに行こうか」と言うことしかできなかった。そのたびに、人生の終焉《しゅうえん》を迎えようとしている父を想い、胸が締めつけられるようで苦しかった。

私にとって初めての盲導犬となるアンソニーは、父の旅立ちから3ヶ月後に我が家にやって来た。「父さん、アンソニーだよ！　やっと会えたね！」待ちに待った盲導犬の貸与を受け、はやる気持ちを抑えながら、まっしぐらに父のもとへと駆けつける。頭上からの初夏の木漏《こも》れ日が、ゆらゆらと語りかけるように、父の墓石と私たちを包み込んでいた。

初めてのパートナは、色白のラブラドールの男の子。ずんぐりむっくりの大柄な体に、穏やかでのんびりとした性格の持ち主だ。

[押し寄せる試練]

盲導犬へのきっかけは駅のホームからの転落だった。

30代半ばで原因不明の病を発症し、中途で視力と聴覚に障がいを持つ身となる。あっさりと失明を宣告され、この世から消えていなくなりたいほどの絶望感を味わった。しかし、よき恩師との出逢いから、残っている能力を生かしながらの訓練を受けることとなる。盲人用の白杖による歩行訓練、そして鍼灸マッサージ師の国家資格取得を経て、障がい者としての自立と社会参加を目指した。

治療院への就職が決まり、その通勤にも慣れてきた矢先のことだ。ラッシュの朝、いつものように駅ホームで電車を待っていると、突然、人がぶつかってきた。ふいをつかれた私はバランスを崩しホーム下へ転落。幸いにもすぐに助け出され、顔面、胸部《きょうぶ》、足と全治2ヶ月の大ケガを負ったものの、懸命《けんめい》なリハビリが功を奏し、職場復帰することになった。

しかし……それは簡単なことではなかったのだ。駅に近づくとあの事故の恐怖が蘇《よみがえ》り、足取りが重くなる。なんとかホームにたどり着くも、電車を待つ間、全身の冷や汗と白杖を持つ手の震えが止まらない。それでも電車に乗らなければと気持ちを奮い立たせたが、足の裏がホームに貼り付いたまま、一歩も動けなくなってしまったのだ。転落事故が想像以上に私の心を苦しめ、混沌《こんとん》とした日々が続いた。

見かねた夫から、「どうだろう、盲導犬と歩いてみたら?」と持ち掛けられた。幼少期、番犬《ばんけん》に追いかけられ噛まれた経験のある私……。以来、犬は怖い存在でしかなかったが、「このままではいけない」と、藁《わら》をも掴む思いで盲導犬協会を訪ねた。

2004年6月、犬と人との共同訓練が無事終了。凛《りん》として私を見上げたアンソニーが、私の傍らに寄り添った。そこから、亡き父との約束の旅路が始まってゆく。

いろいろなところへ出向き、盲導犬と共に人生を歩くようになってから、駅も怖くなくなり、事故もケガもなく、見えていたころと同じように快適な歩行を取り戻すことができた。やがて自分自身の心の行動範囲も、何かに導かれるように広がっていった。

北海道から沖縄はもちろん、海外へもアンソニーと旅に出かけた。そこでの経験、出逢った人々、風、空、海、大地、空気が、高らかなファンファーレのように、笑い声と共に溶け込み、今なお心の中に深く刻みこまれている。

彼は思慮《しりょ》深いまなざしを持ち、盲導犬道を貫《つらぬ》いた。あっぱれなパートナー、初代・アンソニー。引退は2013年で11歳の秋。穏やかでやさしい年月を重ねた、16歳2ヶ月の生涯だった。アンソニー、また会おう！　あの2人だけの秘密の場所で。あの桜吹雪の舞う小径で、きっと。

[純白のシェパード・スカイとの出逢い]

そんなアンソニーと暮らす日々の中で、私の病状は容赦なく進行していった。視力はまだ光を感じることができたが、聴力《ちょうりょく》がかなり落ち込み、聴こえが悪くなっていく一方だった。補聴器《ほちょうき》を付けていても聞き分けが難しく、誰と会話しているのか、名乗ってもらわないとまったくわからない……。情けないことに、友人や家族の声すら判別がつかないのだ。それだけでなく車やバイク、電車の区別さえもつかないのだった。

いいようのない不安と焦りの中で、これでは次の盲導犬の代替えはかなり厳しいものになるだろうと、半《なか》ばあきらめていた。しかし、盲導犬協会側はあきらめはしなかった。私に合うパートナーを数年かけて探し出し、準備してくれたのだ。それが純白の体毛を持つジャーマンシェパード、二代目となるスカイだった。

彼女ははるばるアメリカのニューヨークからやって来た。「この犬と歩きなさい。体が大きい上に色が真っ白だから、かなり目立つし、きっと誰もが目をひかれるだろう。周囲への援助依頼もしやすいはずだ」。

当時、白いシェパードの盲導犬はスカイただ1頭だけ。その犬種の珍しさから、よく声をかけられた。これにはかなり助けられた。それだけではなくスカイは音への反応がよく、近づいてくる音に対して、振り返ったり立ち止まったり、ゆっくり歩いてくれたりと、さらに安全性を高め快適に誘導してくれた。スカイは目だけでなく耳の役目も果たしてくれていたのだ。

[女優になった盲導犬]

盲導犬たちと暮らし始めて12年の月日が流れた頃。

「かあさん！　舞台どうだった？」講演が終わるたび、スカイと一緒に母のもとへかけ寄り、ぎゅっとその手を握る。「ワンワン」と母は応える。

私がその手話劇団に入団したのは、２０１６年春のことだった。聴覚に障がいを持つ劇団員とプロの役者さんによる舞台公演が評判になっていて、友人から「見に行かない？」と誘われたのだった。全盲の私にはもちろん、舞台上で何がくり広げられているのかさっぱりわからない。だけどみんな笑ってる……なんだ？　この鳴りやまない拍手は。

認知症を患《わずら》う前の母は、ミュージカルやお芝居が大好きで、よく2人で舞台を見に出かけたものだ。もし私がこの劇団に入り、あの舞台の片隅に立つことができたならば、母の記憶を目覚めさせることができるのではないだろうか？　そんな想いに導かれるように主催者と会い、入団を決意した。以来、障がいを持つ劇団メンバー、サポーター、プロの役者さんとの三位一体《さんみいったい》で、お芝居や手話パフォーマンスの稽古《けいこ》に励んできた。もちろんパートナーのスカイも稽古場にいて、私を見守っていた。

当初、主催者から「いつも一緒にいるのだから盲導犬と舞台に出たら？」と勧められていた。「無理です。タレント犬ではありませんから」と即座に断るも、とりあえず盲導犬協会に相談してみては？　と言われた。そこで訓練士に相談してみると、「櫻井さん！　なんのために盲導犬がいるの？　あなたの人生を応援するためにいるんでしょ？　とっととチャレンジしなさい！」と、意外にも背中を押してくれたのだった。

やがて夢のような舞台が実現する。おそらく日本で、そして世界でも初めてのことだろう。現役の盲導犬が役者として、生の舞台に立ったのだ。スカイの役者ぶりはじつに堂々としたもので、客席にいた母は身を乗り出して、スカイのいるほうへ手を伸ばしていたと、あとになって聞いた。もはや私の存在など目に入らない様子なのだが、スカイや三代目のトリトンの姿だけは、にこやかなまなじりで追い求め、手を差し伸べる。それでいい、いや、それがいい。

稽古に行き詰まりを感じたり、手話やステップが難しくてなかなか覚えられずくじけてしまう時もあるけれど、ひたすら母を想い、その笑顔のために今日まで続けてきた。

［絶望から最善の未来へ］

「いったい、どうして?」信じがたいことだった……。それは突然の出来事だった。スカイが現役の盲導犬のまま、その命を閉ざし、人生をも引退してしまったのだ……。2020年の初夏のこと、9歳6ヶ月だった。

覚悟のない別れを経験し、私は絶望にうちひしがれた。スカイの死を受け入れられず、この事実を誰にも話したくないと、心を深く閉ざしてしまった。大切な分身を奪われたような苦痛……。この耐えがたい悲しみに、もう盲導犬と暮らすことはやめよう、二度と軽々しく「ハッピーリタイア」などと口にはするまい……。スカイ亡きあと、仕事も劇団の稽古も休み、どこにも外出せず自宅に引きこもってしまう。まるで何かの抜け殻のようにひたすら沈黙した。あのホーム転落事故の時のように、また振り出しに戻ってしまったのだった。

しかし、すべてを拒絶する私に、それでも訓練士の粘り強い説得が続く。彼らはあきらめなかった。「櫻井さん！　あなたは歩くべきだ！　歩かなきゃダメだ！」と。

そうしてどれくらい経ったのだろうか。時間の感覚もなく、大きな喪失感を抱いたまま、スカイへの許しを請《こ》いながらの共同訓練がスタートした。

スカイが逝《い》ってから半年後のことだった。

［東京パラリンピック聖火リレーのランナーへ］

今、私の傍らには大きなイエローラブの男のコがいる。空のスカイから、海の神の名を持つ、三代目・トリトンへとバトンが渡されたのだった。

じつはトリトンがやって来た２０２０年、スカイと一緒に東京パラリンピック聖火リレーのランナーを務めるはずだった。そのバトンはスカイからトリトンに委ねられ、走ることを決意する。スカイは自身の人生をしっかり生ききっただろうと信じている。彼女にかけた最期の言葉は、「スカイ！　あなたには最善の未来が待っている、必ず迎えに行くから、そこで待ってて！」。

「これまで盲導犬を応援してくれた支援者の方々への感謝の想いと、障がいをもつ仲間たちへエールを贈りたい！」そんな思いから、東京パラリンピック聖火リレーに応募し、パートナーと共に、盲ろう者ランナーとして選出された。しかし、コロナ感染が拡大し、東京五輪の開催が1年延期となってしまう。リレーの中止も囁かれていた。聖火リレーに対して賛否両論ある中で、当日を迎えることとなった。

２０２１年8月19日。セレモニー会場のあたりが刻一刻と夕闇に包まれ始めた頃、拍手と歓喜の声が湧き上がった。和太鼓の響きがランナーたちを力強く励ましているようで、聖火の炎のごとく心をはためかせながら、トリトンと共にその時を待った。

いよいよ私たちの出番になった時、すでに日中の猛暑は消え失《う》せ、さわやかな夜風が、埼玉県の朝霞《あさか》中央公園陸上競技場に吹きわたった。東の空には、ふくよかな上弦の月が昇ってきた。聖火トーチを天へと高く突き上げ、トリトンと歩き始める。じっくりと確実に足元を噛みしめるように、1歩また1歩と歩みを進めた。この1年間のたくさんの想いを込めながら歩く……。二度とない貴重な経験、その素晴らしい瞬間を味わいながら、スカイを想った。

この日の早朝、トリトンとウオーキング中、信じられない奇跡が起こった。西の空に、朝日に輝く壮大な虹、ダブルレインボーがかかっている！　と教えられたのだ。

これはまぎれもなく、昨年の夏に急逝したスカイだ！　虹の架け橋をまっしぐらに駆け下り、私のもとへと走ってくるスカイの姿が目の前に浮かんだ。きっとトリトンと共に私の伴走を務めてくれたと信じている。

〔3頭の友たちと〕

そして今、3頭の盲導犬に導かれ、私は歩き続けている。傍らに寄り添うトリトンの前にはスカイが、スカイの前にはアンソニーが歩いていく。いつもそんな光景が目の前に広がってゆく。

彼らは、時折立ち止まっては振り返り、私と共に歩いてきた足跡を笑顔で見つめている。これまで過ごしてきた日々を、たくさんの出逢いと別れを、つらさや悲しみさえも、いとおしむかのように。やわらかな陽射《ひざ》しとそよ風とのハーモニーが、私の3頭の友を包み込んでゆく。

私は光を失い、絶望と孤独感に飲み込まれ、何もできないと思い込んでいた。でも盲導犬と出逢い、2人ならば、あきらめていたことにもチャレンジできる喜びを知った。

今日も心を弾ませ、足元をしっかりと踏みしめながら、これからも彼らと人生を進んでゆく。

18

くじけそうになることも起こるけれど寄り添い合う喜びで笑顔を取り戻せる

栗田陽子
（くりた・ようこ）
53歳
福岡県
なつ

■盲導犬の支えが心のビタミン剤

盲導犬と歩き始めて、この秋で30年を迎えることになる。

バイオレット、レベッカ、パール、モナコ……そして現在、傍らに寄り添ってくれている、なつ。このしっぽのあるかわいい娘たちは私に、鳥のように軽《かろ》やかに舞うことができる羽を付けてくれる。

白杖歩行だと、杖の先や足裏で安全に、歩くための情報を受け取ることに必死で、歩いていて楽しいと感じたことはなかった。でも、盲導犬との外出では、街を行き交う人々の様子、季節を感じる鳥のさえずりや花の香りなどの風景を、視覚以外の感覚によって前方に感じながら想像して歩くことができる。そんな、新たな目を手に入れたと言ってもいいような喜びと感動を、盲導犬はもたらしてくれる。

時には、気持ちがクシャッとくじけそうになることも起こるけれど、笑顔をパスポートに、「あきらめず、人生に無駄なことは1つもない」という気持ちを保てるのも、彼女たちの活躍と、寄り添い合うぬくもりが大きく影響していることは間違いない。

この支えが心のビタミン剤となり、社会や人とのつながりを生み出す原動力ともなるのだから、視覚を補うにとどまらず、私の生きる姿勢につながる存在となっている。

自宅に到着。今日も無事に過ごせたことに感謝して、「なっちゃん、ありがとう」と言葉をかけて頭をなでると私を見上げ、体をすり寄せたり顔を舐めたりして、しっぽを振って答えてくれる。「今日の道案内も上手だったでしょう。どういたしまして」と声が聞こえるようで、あたたかい気持ちに包まれる。

自宅ではおちゃめな面も発揮する。クッションに寝ころびくつろぎながらも体をいっぱいに伸ばして、横切ろうとする私の足の前に、自分の前脚を伸ばして行く手をさえぎろうとする。そんな、なっちゃんの姿は愛らしい。最初はたまたまかなと思っていたのだが、ほぼ毎回寝たまましっぽを振って小さないたずらをくり返している。そこで、オットットとつまずくふりをしてみせると、さらに強くしっぽが揺れる。「やったぁ、成功！」と言う声が聞こえるようで、思わず笑みがこみ上げるのだった。

最初の日　ワクワクドキドキ　ハーネスを
ぎゅっとつかんで　一歩踏み出す

ハーネスを　持つ手に伝わる　息遣《いきづか》い
確かに君と　つながっている

思い出を　一緒につむぎ　歩いたね
一つ一つが　みな宝物

ハーネスを　静かにはずし　持ってみる
重ねた月日　感じる重み

19

自分で書き出した〝ハイルの良いところ〟を何度も読み返すようにして寄り添っています

山岸小百合（やまぎし・さゆり）
50歳
千葉県
ハイル

■出会う前、そして今

11年前、見えるようになると思って受けた手術は、光を残すためだけの手術だった。大好きだった車の運転をあきらめなくてはならなくなったけど、免許の要らない電動自転車なら乗ることができると思っていた。けれど、術後は自転車どころか一人で歩くのさえ苦労するような見え方で、退院後は外出することはほとんどなかった。当時、白杖を持つことに抵抗があったので、出かけるのは通院くらい。その時は家族に掴まって歩いたので、折りたたんだ白杖を開くことはなかった。

2年ほどそのような生活をしていたけど、父親の病気が見つかったことで「このままではダメだ」と思い、ちょうどその時開催されていた「サイトワールド」（視覚障がい者用機器の展示や講演会などを行う総合イベント）へ、娘にお付き合いしてもらい出かけてみることにした。会場は人でいっぱいで、久しぶりに外に出た私にはつらく感じ長くいられず、半分も回ることなく娘に「帰りたい」と伝えた。

そんな時、娘が「あれ!? 犬がいるよ。なんでここに犬がいるの？」と言い出して、「待って待って、あっ！ あの子たち盲導犬みたいだよ」と。子どもの頃、盲導犬のことを聞いたことはあったので、〝盲導犬は目が見えない人が使う犬〟という認識はあったけど、目《ま》の当たりにするのは初めて。

自分が見えなくなった時に盲導犬のことを思い出すことはまったくなかったので、その時はそういえばそういう犬もいたなぁ……くらいの気持ちだった。犬好きの娘と私は「触らせてもらえるかもー」という気持ちだけでブースに行って、職員の方に犬に触れますか？ と聞いてみると、ブースにいた職員さんから「もちろん触れますが、もしよかったら、その前に犬と歩いてみませんか？」と聞かれました。娘を待たせることになるしどうしよう……と考えていたら、「せっかく来たんだから歩いてきたら」と娘が言ってくれて、それでもまだ迷っていたら、「見えない人だから体験できるんだよ」と背中を押してくれたので、歩いてみることにしました。

犬と歩く時はリードではなく、背中に付いている棒のようなものを持つように言われて、おそるおそるそれを掴み、職員さんが教えてくれた掛け声を犬に伝えたら歩き出しました。犬が歩くスピードは普通に歩く速さでグイグイ前に進むので、ついていくのがやっと！という感じだったけど、不思議と怖さはなく、白杖より安心感があった。当時は今よりまだ少しクリアに見えていたので、犬が上り階段を知らせるため、1段目に両方の前足を乗せて止まっている姿がわかって、その姿がなんとも言えずかわいくて心に残りました。

その後、何度か体験歩行をさせてもらっているうち、どんどん盲導犬歩行に夢中になり、貸与の申し込みをしました。当時は待機期間が2年ほどあり、共同訓練に入るのがとても楽しみでした。

待ちに待った共同訓練が始まり、でも犬に逢えるのは午後から。ここまできてまだ会えないのー！　とやきもきしながら昼ご飯を食べて、午後になってようやくパートナーになる犬が紹介されました。訓練士さんから、「山岸さんのパートナーは、ラブラドールレトリーバーの男の子で、名前はハイルです」と紹介された時、「この子が私のパートナーなんだ！　これから一緒に歩いていく子なんだ！　ようやく逢えた！」と、うるうるしながら感慨《かんがい》に浸《ひた》っていたのですが、すぐに訓練は始まるとのことで、必死に気持ちを切り替えて臨みました。

訓練中はわずかに残っていた視野と視力でしたが、なかなかうまく使いこなすことができず、山あり谷ありの3週間……。「私には盲導犬歩行は無理なのだろうか？」と毎日葛《かっ》藤《とう》しながら共同訓練に臨んでいた。それでも最後の週に行う現地訓練ではようやく何かを掴めたようで、ハイルとの歩行はかなりスムーズになり、ハイルと歩くことを決めました。

認定をいただいたあとは、時間を作っては歩行をくり返しながら、ハイルとの息が合う日を夢見てひたすら歩いた。ハイルの行動がわかるまでには4年近くかかったと思います。以前は車を運転をしていたから、住んでいる街のだいたいの地理は頭に入っていると思っていたけど、車と徒歩では感覚がまるで違っていて、白杖歩行の時は不安を感じることが多々あった。でもハイルと歩くことでクリアできることが多く、苦手だった、人に尋ねる〝声掛け〟もいつの間にかできるようになっていた。歩き始めてから2年が過ぎる頃には、ハイルと旅行に行ったり、白杖歩行の時に挫折してやめていた野球観戦を再開したり、毎日楽しく過ごせるようになりました。

家に引きこもっていたあの時、このような生活ができるなんて思いもよらず、今は毎日の幸せを噛みしめています。とはいえ、ハイルと心が通わなくなる時が何度か訪れ、今でも、どうしていいかわからなくなることがあります。でもそんな時には、以前自分で書き出した〝ハイルの良いところ〟を何度も読み返すようにして、寄り添えるよう心掛けてます。盲導犬として生きる折り返し地点を過ぎた頃からは、息もピッタリ合ってきました。

ハイルも今年で8歳、一緒にいられる時間も残り少なくなりました。歩くスピードがだいぶ遅くなり、休憩する時間が増えてきたように感じますから、これからはゆっくりペースで歩んでいこうと思います。

ハイルに出逢えたことで暗闇から抜け出すことができました。まさにハイルは私の光です。毎日を楽しく過ごせているのはハイルのおかげです。かけがえのない私のパートナー、これからも感謝の気持ちを忘れず歩いていこうと思います。

ハイル　ありがとう！

20

釧路で入店を断られたことが記事に載り盲導犬と視覚障がい者の存在を知ってもらえた

川上正信（かわかみ・まさのぶ）

72歳
神奈川県
ファンタ

■北の大地に憧れて！

２０１７年８月16日の午後。羽田からの帰路、バスの車内は冷房は効いていたものの、窓からは真夏の容赦ない日差しが降り注いでいた。私は、無事に北海道旅行ができたことへの安堵《あんど》と達成感に気分が高揚していた。

パートナーであるクーガの引退を３ヶ月後に控えていた頃。私は別れを前に動揺していた。引退は悲しいことなのか？……。いやいや、私にとっても彼にとっても、仕事を無事にまっとうできた「お祝いの日」のはずだ。そう考えようと気持ちを切り替えて、それならば何か記念に残ることをしなければ……と思った瞬間から、記念になる旅行をしてみたいという気持ちがふつふつと沸いてきた。

行く先は？　以前から憧れていた北の大地。頼れるのは釧路市の知人・Yさんだ。のちに記す新聞記者のKさんを紹介してくれたのも彼女だった。灼熱《しゃくねつ》の関東から抜け出したい、あの雄大な大自然に抱かれてみたいと、期待はどんどん膨《ふく》らんでいった。


しかし私は全盲、それまで一人で旅行をしたことがない。見えない私がどうやって事前に情報を集めて、右も左もわからない土地を歩けるのだろうか、動揺を抑えることもできないまま旅行当日を迎えた。

帰宅してから思い返してみれば、よくもまあ、知らない土地を訪ねられたものだと思った。思いを形にできたのは、7年間の総決算として、パートナーとだけで完遂《かんすい》したいという固い決意に至ったから。それに「行かなければ後悔するよ」とパートナーから諭《さと》されているようで、クーガから勇気をもらったからにほかならなかった。

しかし珍道中ではあった。


初めの4日間は、摩周《ましゅう》湖、屈斜路《くっしゃろ》湖、川湯温泉のある弟子屈町《てしかがちょう》に、いい宿泊先を見つけることができた。ホテル「風曜日《かぜようび》」ではいつからか、障がい者の単独での宿泊利用を待っていると書かれていた。日中の過ごし方もいくつか提案してくれていたのも嬉しかった。

私とクーガは、カヌーで釧路川を下ることにした。釧路川は、屈斜路湖を水源として釧路市内を経て太平洋に流れ込んでいる、全長154㎞の緩やかな流れだ。カヌーを操《あやつ》って案内してくれたのは、長野県から移り住んできたという若者・Nさん。この地方に宿る動植物についていたくさん教えてくださった。

カヌーは川面をゆっくりと下る。水面に手を添えてみたらひんやりとした。途中でカヌーを止めていただいたコーヒーは絶品だった。写真も撮っていただいた。川面には涼やかな風、野鳥のさえずり。ひんやりした空気と大自然の匂いが、体全体を包み込んだ。

4日間の宿泊で、この地についてもっと知りたくなって、地元のスーパーへも、そこのオーナーのMさんに同行してもらって向かった。リーズナブルなメロンが豊富に棚を賑わせていた。


旅行の後半は、JR釧網《せんもう》本線で釧路市まで下った。車窓の外には、思い出の釧路川が線路に沿うように緩やかにカーブしながら流れていた。車内ではお土産《みやげ》やスイーツを販売していて、車内でいただいたプリンの美味しかったこと美味しかったこと！

釧路川の幣舞橋《ぬさまいばし》のたもとに位置するホテルでは、支配人さん自ら、食事やワンツー場所を案内してくださった。クーガのためにと、封を開けたばかりの毛布まで準備してくださったことにびっくり！　胸が熱くなりました。

釧路では、知人のYさんが紹介してくださったKさんが、釧路湿原《しつげん》を案内してくださった。あのやさしいゆったりとした口調に私はどんなに癒されたことか。

道内には湿原がいくつもある。一人での歩きでは、あちこち枝分かれしている湿原の中で迷ってしまうだろう。ぐるりと回ったら元へ戻れる湿原がいい。全長2㎞少しの釧路湿原を訪れたのは午後4時過ぎだった。観光客もほとんど帰路についていたのか、静かだった。幅2mほどの木道《もくどう》を安心して歩くように整備されている。パートナーも自然を満喫しているようだった。本州には生息していないと言われる植物を一つひとつ触らせてもらいながらゆっくりと歩を進めた。

ホテルでは、釧路新聞社の記者Sさんの取材を受けた（どうやら知人のYさんが事前に打ち合わせをしていたようだった）。旅行先に釧路市を選んだ理由や、訪れてみての感想、ホテルの受け入れはどうだったかなどの質問に答えた。

釧路市内には盲導犬使用者はいないとのことだった。だから、市民は盲導犬を見る機会はないだろう、店の対応もどうかな、とおっしゃった。そうだろうなと思った。

夕刻になってお腹もすいて腹ごしらえをしたくなった。せっかく食べ物が美味しい北海道に来たのだから、地元の海産物で一杯やりたい。居酒屋3軒に電話をかけてみた。すると、心配していたことが的中。入店を断られてしまった。明日にでも寿司屋に行くしかないか……。あきらめるしかなかった。しかたなくホテルで済ませることにした。

この出来事を先の記者に話してみると、きょとんとした様子だった。

帰宅してからわかったことだったが、数日後Sさんから、取材記事が釧路新聞に掲載されたと連絡があった。入店を断られたことも書かれていたそうだ。その記述の部分が釧路市議会で取り上げられもしたそうで、議員の質問に対して市長からは、「今後は補助犬を伴って来釧《らいせん》された際は、気持ちよく過ごしていただけるよう取り組みたい」といった趣旨の答弁がなされていたと、あとから聞いた。

今回、一市民が盲導犬を伴っての釧路市への小さな旅行に過ぎなかったけれど、こんな風に、釧路のみなさんに盲導犬と視覚障がい者の存在を知ってもらえたことが嬉しい。この、何にも勝る大きな土産を持って帰宅できて、忘れられない思い出となった。

卒業を3か月後に控えて、私はパートナーをしっかりと抱きしめた！

21
パール、エル、コパン 頑固なパートナーは みんな飼い主に似て!?

三浦幸枝
（みうら・ゆきえ）

65歳
北海道（十勝）池田町
コパン（7歳）

■ありがとう。そして、これからもよろしくね

私は先天性《せんてんせい》網膜《もうまく》色素《しきそ》変性症《へんせいしょう》で、盲導犬使用者になったのは2003年6月でした。盲導犬の名前はパール。イエローのメス。ライトハウスから4頭の兄弟と共に北海道へ来て、その4頭みんなが盲導犬としてそれぞれのユーザーのもとへ。パールは、目がブルーでとてもきれいな犬でした。

パールが訓練中に、私の実家の父が交通事故で亡くなり、その3年後には母もそのあとを追いました。父はパールに会うのを楽しみにしていました。よほど会いたかったのでしょう、訓練中にしょっちゅうパールの周りを蝶になって飛んでいました。

その頃の私はまだ少し目が見えていましたが、なにぶん千葉から嫁に来て12年。ほとんど外を歩くこともなく、玄関前から車で出かけ玄関先に戻って来る……という生活だったので土地勘もなく、パールとよく迷子になっていました。そのたびに周りの方々にお世話になりながら、少しずつ道を覚え土地勘を養いましたが、それでもわからなくなると、パールが誰かの家の前に向かい、玄関のピンポンを押せと言わんばかりにブザーの場所でしっぽをブンブン。こうして助けられました。

そんな経験から携帯電話を持つことにしたので、自分で連絡を取れるようになりました。パールが5歳の頃から、JRに乗ってコンサートに行ったり、バスで英会話に通ったり、飛行機で研修や家族旅行へ行ったりするようになり、私の生活は本当に変わりました。何かをするためにどこかに向かうということが可能になり、そんな当たり前のことができなかった日々が一変しました。

パールが10歳の頃から、早歩きをさせると股関節に熱を持つようになったので、協会での検査をしました。結果は問題なしとのことでしたが、それからはゆっくりのんびりのお散歩を心がけ、体重を増やさないように、股関節に負担がないように、引退のその日まで一緒に歩きました。

パールは14歳の誕生日の4日前に亡くなりました。骨肉腫《こつにくしゅ》で右後ろ足を股関節から取り、その半年後に腎不全《じんふぜん》で生《せい》をまっとうしました。

パールが12歳で引退したあと、2代目のパートナー・エルとの生活が始まり、お互いが快適な歩行への探り合いの日々。比べているつもりはなかったのですが、なかなか思うように歩いてくれないエルをホメるタイミングが掴めず、エルのよそよそしい態度に困惑する日々でした。

歩行拒否で「伏せて歩かない」、この道は知らない、こっちに行ったら犬が吠えるからイヤとか……。それでも、半年も過ぎるとしかたなく歩いてくれるようになり、少しずつなじみ始めた6歳。てんかん発作《ほっさ》がエルを襲い、泡を吹いて倒れてしまったのです。

しばらくすると、目が据わった状態でじっとどこかを見つめ、そのうちにうろうろと歩き始め、水をガブガブ飲み、またうろうろ歩き回る。そんなことをくり返し、30分ぐらいしたらパタンと眠り、2時間ほどしたらおしっこに行きたいとなり、排泄をさせたあとは、またパタンと寝るという状態。そんな発作が1ヶ月に1回くらいあり、12月には1日に2回あったことも。

協会での検査の結果、てんかん発作に間違いがなく、引退を宣告されました。それでも、7歳を迎える6月まで私のもとにいてくれました。

引退後はキャリアチェンジで家庭に引き取られ、発作を年に5回くらい起こしながらも、飼われた方のおかげで11歳まで頑張ってくれました。天国に召されたあとは盲導犬の慰霊《いれい》碑《ひ》に納骨させていただけて、最後にエルにお別れをすることができました。

今は3頭目のコパンと暮らしています。自己主張が強く、頑固でフレンドリー。気が散りやすく、歩いていてもあちらこちら見ながら、それでもお仕事はきっちりやってくれています。

ホメても嬉しそうにしてくれないコパン。当たり前といった様子。雪や氷で足元が悪いところは、立ち止まり鼻先で教えてくれます。私がゆっくり探りながら歩いている時、コパンはといえば、匂い取り。こちらが気がつくと、すぐにやめて歩き出す。注意するタイミングを逃してしまい、なかなか手強《てごわ》いです。油断すると、コパンの行きたいほうへ誘導されがちですが、最近はだいぶ意図が読めるようになりつつあります。周りの人が言うには、犬は飼い主に似るそうな。「たしかに……」。

コパンは今7歳。歴代の3頭、性格はそれぞれですが、自己主張が強いのと頑固なのは同じかな。

私の人生を変えてくれたパートナーたち。ありがとう。そしてこれからもよろしく。

少しでも長く、パートナーとともに生活できるように、私自身も頑張りますね。

22

ハッピーと一緒に東京オリンピックの聖火リレーで宮城県の最終ランナーに

藤山美枝子
（ふじやま・みえこ）

73歳
宮城県
ハッピー（1頭目）
パーチェ（2頭目）

■視覚障がい者になって・盲導犬に支えられて

２００９年8月、ふたり暮らししている夫が出張中のある日、夜中に目が覚めた時、いつも点《つ》いている豆電球が消えていて、当時は自分が目が見えないとは思っていなかったので、停電か電気の球が切れたのかと思い、部屋のスイッチを点けたり消したりしました。その夜はまんじりともせず朝を迎えたけれど何も見えない状態で、友だちに連絡をしました。その時に友だちが、「自分の母親が行っている眼科に行こう」と連れて行ってくれました。

いろいろ検査をして、先生の声からすぐに（あまり良くない病気かな）と感じました。たくさんの検査結果の書類を持たされ「すぐに大学病院のＴ教授のところへ行きなさい」と言われました。その時はあまり悲壮感もなく、また見えるようになると思っていました。しかし大学病院で診察すると、先生から「手術をするけれども、失敗ではなくて見ることはできなくなるけれど、片方の明かりはとれると思います」ということでした。

それから3年間は引きこもりが続き、大病を患いました。1年近くの入院で、夫が毎日面会に来てくれて、その時「これが、夫と私が逆だったらどうだったんだろう……」と思いました。誰が面会に行き、誰が洗濯物を取りに行くのだろうかと。そう考えた時、自分が一人で外に出られるようにならなければいけないと考え、白杖で歩くことを習おうと思いました。

昔にいただいた方の名刺には「日本リハビリセンター」と書かれていて、電話をかけると「日本盲導犬協会です」と言われたので間違ってかけたのかなと思いましたが、「Sさんお願いします」と伝えたら、「何年も前の名刺をよく持っていてくれましたね」と言われました。名刺をいただいた当時は日本盲導犬協会ではなかったのです。

「白杖をもう一度教えてください」とお願いしました。白杖を持つ勇気がなく、それまで白杖を玄関にぶら下げていて、なかなかそれを使って外に出ることができませんでした。そのことをSさんに話したところ、「藤山さん、盲導犬を持ってみませんか?」と言われました。盲導犬を持つということの知識がなかったので、「そのための条件があるんですよね?」と尋ねました。すると、「外に出ようという気持ちが大切で、散歩でもコンビニに行くのでも大丈夫ですよ」と言われ、いろいろ迷いましたが、まずは体験をさせてもらい、盲導犬と一緒に歩こうと思いました。

共同訓練に入った時、「今日から一緒に訓練する子ですよ」と現れたのが、ラブラドールの女の子、ハッピーでした。共同訓練は大変でしたが、ハッピーと一緒に家に戻ると柴犬のレオが迎えてくれて、賑やかで明るい生活が始まりました。

それまでは目が見えないことでやる気をなくし、できることもできないと思い込んでしまい寂しい毎日が続いていました。でも、ハッピーと外へ出ることで「1つずつなんでもやってみよう」という気持ちがどんどん出てきて、それが自分でも楽しみになってきました。それまでは笑い方を忘れるほど、心から笑うこともなく過ごしていましたが、ハッピーが来てからは、学校訪問や募金活動などの盲導犬啓発活動、コンサート、パラグライダー体験、ブラインドテニス、サウンドテーブルテニスなどを楽しんできました。それと、点字の勉強に行くことができたのも、ハッピーというパートナーのおかげで、8年間楽しく通うことができました。

ハッピーと2人での最大のイベントは、2020年の東京オリンピックの聖火リレーで、宮城県の最終ランナーをやったことです。オリンピックは〝参加することに意義あり〟ということで県の公募に応募しました。応募者は3000人近くいて、その中で65人ということで、出場は無理だろうと思っていました。しかし、なんと私たちが選ばれて驚きでした。その時のハッピーは、今まで一番素晴らしい歩行で、最終ランナーとして私と一緒に壇上まで上がり、大きな聖火台にトーチの火を移す時も堂々と座り、その誇らし気な姿に協会の人たちも驚くほどでした。

盲導犬は、歩く時の誘導だけでなく心の支えでもあります。たとえば、家族に言えないことでも、涙を流す時でも、犬たちはそれを全部受け止めてくれます。

盲導犬は10歳になったら引退します。ハッピーがその日を迎えた時に元気で引退させることを目標にしていました。しかし、9歳3ヶ月まできた頃、ハッピーの異変に気づきました。獣医さんのところに行くと肥満細胞腫という病気で、舌の奥に腫瘍ができていることがわかり、「舌を切除しなければならない」ということでした。あまりの想定外な出来事にショックを受け、もう一度視覚を失ったと思うくらい気持ちが混乱しました。手術は成功しましたが、宮城から静岡の富士ハーネスに移り、療養することになりました。

今は、二代目となるラブラドールの男の子、パーチェ（イタリア語で平和）と一緒です。パーチェは今、ハッピーが残してくれた「利府町《りふちょう》視覚障がい者福祉協会」（ハッピー会）を引き継いで活動してくれています。

私は、入院中に先生の話す言葉が聞こえず、その時に「重度感音性《かんおんせい》難聴」と診断されました。現在、盲ろう者として通訳介助員の音声通訳を受けながら、盲導犬ユーザーとして生活をしています。

23

大好きなミュージシャンとの触れ合いをドンちゃんが導いてくれた

木村千栄美（きむら・ちえみ）

福島県
ドン

■ドンちゃん旅日記

思えば、パートナー1頭目のオヒナとは、私の角膜移植手術の通院で、東京の大学病院に通った。そして2頭目のプラスとは、いくつものマラソン大会（地元のマラソン大会、神宮ブラインドマラソン、東京マラソンの障がい者枠、広島平和マラソンなど）を伴走者《ばんそうしゃ》と共に楽しく完走した。

子どもの頃から広島にご縁があり、小学4年生の時に家族で広島に行き、原爆資料館での展示物に衝撃を覚えた。東日本大震災の半年後に娘と1頭目のオヒナと参加した、盲導犬ユーザー会の旅行も広島方面だった。コロナ前、2頭目のプラスと飛行機で行ったのは、広島の友人に誘われて出た広島平和マラソン。東北の地から、遠く広島へ行くことは苦に

ならない。健常者であった若い頃、時刻表を手によく一人旅をしたものだ。

盲導犬は自信と勇気を与えてくれる素晴らしい存在。健常者の頃よりも世界が広がっている。私は一人旅でも盲導犬パートナーとの二人旅でも、あぁすれば良かった、こうすれば良かった！　という失敗がたくさんあった。その中で旅のノウハウを学んだ。パートナーとの二人旅となると他人は頼れない。用意周到に準備をして、二人旅を安全無事に行えるようパートナーとの信頼と絆を深めておく。そして、私は持病の糖尿病のため、常にブドウ糖を持参している。

私には、ハナちゃんという友人がいる。ハナちゃんとは、彼女が中学生の時に知り合った。ハナちゃんは、私の最初のパートナー・オヒナをかわいがってくれた。やがて彼女は、大学卒業後、立派にＣＡさんになられた。今でもときどき連絡を交わしている。

私は、昔から大ファンのミュージシャンがいる。２０２２年12月、その人の広島でのクリスマスライブのチケットをゲットした。宿泊先も手配ＯＫ。あとは、交通手段をどうするか……。

私は大の飛行機好き。しかし、12月はクリスマス寒波《かんぱ》到来、飛行は揺れるので

迷う。早く決めて座席を押さえないと早割《はやわり》が終了してしまう……。焦る気持ちを平静に戻して翌日、2頭目のパートナー・プラスと買い物に出る。穏やかな秋の日、今日は、会議も待合せもない。買い物がゆっくりできる。プラスとじっくり秋を感じながら歩く。ストレートゴーを指示して、大きい交差点の左角を確認。

左方向にはスーパーがある。私は横断歩道を渡って左に曲がるドラッグストアに用事があった。角で、プラスにまっすぐの段差を確かめたいのだが、なんだかプラスが興奮しているようで様子がおかしい。ストレートゴーを指示しても言うことをきかない。むしろ、「僕は、左に行きたいんです！」と言わんばかりに、プラスの体はすでに左に向いている。いつも穏やかで従順に私をリードしてくれるプラスが、珍しく自己主張をしている。私は、プラスがしきりに訴える姿を冷静に考え、左に行った先に何か答えがあるのか……と答えを知りたくなり、良くないことを承知で、ドラッグストアには遠回りで行くことにして、プラスの誘導に従った。

スーパーマーケットに着いて、入口ドアから若い女性の声がした。「木村さーんっ！」あれまぁ、なんとハナさんで、実家に帰省《きせい》中とのこと。「木村さん！　ぜひ飛行機に乗ってくださいー！」とハナさん。私は、何日か前にSNSで、広島に行く手段を、飛行機か新幹線のどちらにしようか迷っていると書き込みをしていて、それを読んだハナさんがメッセージをくれていた。

西日本にいるはずのハナさんと、この場所で偶然会えたことで、プラスがどうしても左に向かっていたことの答えが出た。きっと、ハナさんが大好きだった天国のオヒナが、地上のプラスに指令を出して、ハナさんが帰省していることを知らせて私に会わせてくれたんだよね。オヒナ、ありがとう！　私は興奮を抑え、ハナさんがいることを知らせてくれたプラスに感謝した。

ハナさんに会えたことは、きっと神様が見守ってくださっているんだと信じて、帰宅後、広島行きの飛行機の座席を確保した。もしかすると、ハナさんの業務中の飛行機に搭乗する！……なんてことまでを願って。


12月、前日まではクリスマス寒波で雪も積もり悪天候だったのに、広島行き当日は穏やかな好天に恵まれ快適な空の旅となった。そして無事広島でのライブ会場に到着。私は、旅先では安心安全のために必ずガイドさんを頼んでいる。

帰りは、もみじ饅頭《まんじゅう》をお土産に、楽しい思い出を胸にプラスと共に無事帰宅。旅先でお世話になった方々に感謝した。

オヒナもプラスも思い出さない日はない。盲導犬の理解のなさから中傷《ちゅうしょう》されたこともあった。でも彼らは前向きで、正々堂々と街を闊歩《かっぽ》し、私も彼らから学び、強くなった。

2023年、プラスは無事ハッピーリタイヤを迎え、元気にパピーウォーカーさんのもとに帰った。そして新しいパートナーのドンが来た！ 男の子なので本来はドン君だけど、つい、ドンちゃん！ と呼んでしまう。

この年の夏はすごい猛暑で、早朝の散歩だけでどこにも行けなかったが、秋からようやく、ドンと行動し、交通機関に慣れるように高速バスや電車に乗った。そして12月になると、ドンと旅をしても大丈夫と確信した。


そうして勇気を持って、2024年も、大ファンのミュージシャンの広島でのライブに行くことになった。前年と同じ経路で、ドンの様子を一番気にしながら。

ホテルでのライブだったが、盲導犬が新旧交代したことをライブ主催者やホテルにも伝えてあった。前年のプラスのライブ中の待機状況が良かったから、ホテル側も快諾していただいたようである。ホテルのスタッフさんは、私とドンにずっと寄り添って、会場の様子を教えてくれる。大好きなミュージシャンの彼に会えることと、ドンの待機が大丈夫か心配なのとでドキドキする。

そこでとんでもないことが起きた。私の座席に人の気配を感じたら、なんと入場してきたミュージシャンの彼が、ドンをなでなでして私に声をかけてくださったのだ！

そして彼のヒット曲で盛り上がる中、私はずっとステージを見ていたが、歌う彼の声はステージから聞こえるのだが、また私の隣に人の気配がする！「えっ？ Aさん？」と私が聞いてみる。すると彼は右手にマイクを持ち、私の大好きなヒット曲を歌いながら私の左肩にトントンと合図して「僕だよ！」と知らせてくれた。

若い頃から彼の大ファンだった。子育て中、彼のグループのCDが欲しくてツタヤに見に行った。しかし生活も大変だったからCDを買うことをあきらめた。でも、今はその彼が、私の隣で大好きな曲を歌ってくれている！ 最高の夜だった。

ステージ終了後、彼が私の席の横を通ったので、「Aさん！ 頑張ってね！ 私ずっとずっと応援しているから！」と話しかけて握手を交わした。彼のブログに、翌日、翌々日と2日続けて、私とドンのことが書いてあった。「視覚障がい者に寄り添い、お利口にしている盲導犬のドンちゃんに感動した」と。

これからもドンちゃん旅日記は続く。これからもミュージシャンの彼の追っかけ旅は続く。ドンちゃん、こんなお母さんだけど、貴方《あなた》を守りながら、貴方を頼りに、これからもお出かけします。

歴代のパートナーたちに「ありがとう」を。

24

僕の名前を間違えていてまいったなサインが伝わらなかったのもいい思い出

西松伸恭
（にしまつ・のぶやす）

67歳
愛知県名古屋市
ダスティン（オス・5歳）

■僕は盲導犬ダスティン

僕はダスティン。訓練犬生活の締めくくりとなる共同訓練では、僕のパートナーとなる「おっさん」とのマッチングがあって、それから3年が過ぎようとしている。本当に時が経つのは早いなぁー。おっさんにとって僕が初めての盲導犬なので、僕たちの共同訓練は4週間だった。僕は盲導犬になるために、訓練士さんからずっと教育を受けているので、もういつでもデビューできる状態だったんだ。

だけど、おっさんはまだ盲導犬への指示語も指示の仕方も知らないので、最初の2日間は、訓練士さんが犬役になってマンツーマンで練習をさせられるんだ。そしてなんとか指示語が言えるようになってから、やっと犬との本格的な共同訓練が始まるんだ。

3日目の朝に僕は、訓練士さんと一緒におっさんの部屋へ行き初めて対面した。訓練士さんが僕の名前を伝えたので、僕はごはんがもらえる時のように足踏みをくり返し、挨拶をして喜びを伝えた。おっさんは「名前はラスティンですか?」と確認する。(あ、間違っているよ)と思っていると、今度は訓練士さんが、「はい、ダスティンです」と言った。そうしたら、おっさんはまた「ラスティンですね」というので僕は困ったぞと思った。それからおっさんは僕のことを間違って呼ぶようになった。

おっさんとの共同生活が始まって1週間が過ぎようとした頃、おっさんが家族へのLINEで音声入力を使って僕の名前を入力したんだ。

おっさんは「ラスティン」と言ったのに「ジャスティン」と入力されて送られた。僕の名前がラスティンと聞いていた家族は、「再確認ですが、名前はラスティンですか? それともジャスティンですか?」と聞いてきた。するとおっさんは、「ダスティンです」と、またもや違う名前をLINEしたので、家族はあきれ返り、おっさんはもう一度訓練士さんに名前を確認するようにと強く言われていたよ。

そして翌日にやっとおっさんは正しい名前のダスティンと呼んでくれるようになったん

だ。一時は本当にどうなることやらと心配だった。

1週間ほど間違った名前で呼ばれるというハプニングがあったが、これも、おっさんにとって僕が1頭目で盲導犬に慣れておらず、緊張もしていると思って許してあげた。

共同訓練中はおっさんと同じ部屋で寝泊まりなので、ずっと観察しておっさんの性格やクセを理解していった。そして訓練の最終テストでは、僕はしっかりと背筋を伸ばしていい印象を与えながら、普段よりゆっくり歩いて、おっさんが落ち着いて指示が出せるように気遣いをしたんだ。

そして、もちろん僕たちは最終試験を合格したよ。

共同訓練の時から、僕はいろいろなサインをおっさんに送るんだけど、それをなかなか理解してもらえなかったな。おっさんは僕がいつも同じ時間に排泄すると思っていたようで、我慢ができなくなって何度か道端で止まって排泄しちゃったことがあったな。さすがに今では、僕が出す排泄したくなったサインをわかってくれるようになった。たとえば、室内でおっさんのところへ寄っていったり、おっさんを見ながら座る、屋外なら突然歩くのをやめるとかだ。

おっさんとの歩行でもサインがわかってなかったのは同じだったよ。以前は僕が建物側から車道側へ寄っていくと、おっさんは僕が真っ直ぐに歩いていないと思って「寄って」と言って建物側へ戻るように指示していたからね。

盲導犬は5つのことができると言われている。それは、「真っ直ぐに歩く。障害物を避ける。段差を見つける。角を見つける。近くの目標物へ誘導する」の5つ。最近では、僕が単純に5つのことをするのではなく、しっかりと状況判断をしてそれをこなしているってことを、おっさんはわかってきたな。

僕はいつも、前方から来る人や自転車を見ながら歩いているんだ。そしてその動きに対応して、ちゃんと回避するように道案内しているんだよ。基本的には、僕が建物側を歩くように訓練されているけど、人や自転車が建物側を進んでくる時は車道側へ寄って回避するようにしているんだ。寄っても回避できない時には歩くのをやめて、僕がおっさんの前に入って守るようにするんだよ。

やっとおっさんは応用編の動きをしていることがわかるようになってきて、すれ違ったあとで「グーッド！」と言ってホメてくれるようになったよ。

僕は引退するまで、大好きになったおっさんとの生活を楽しむよ。今度はニュージーランドへ一緒に行って、広々したところを歩いてみたいな。頼むぜ、おっさん。初めて会った時の約束どおり、連れて行ってほしいな。

25 今までで一番小さな障害物からミーナのやさしい心が感じられて

野上由美子（のがみ・ゆみこ）
東京都
ミーナ

■AIは盲導犬の代用にはならない

私は盲導犬ユーザー歴6年で、ミーナは私にとって1頭目の盲導犬です。生まれつきの弱視で以前は白杖で歩いていましたが、全盲でなくても盲導犬と歩けると知り、共に歩くことにしました。

少しは見えているので思い込みがあって、旅行先で、景色の中で色のコントラストがなく境目がわからない場所で崖から落ちそうになったこともあります。白杖歩行は、杖を物に当てて安全に歩ける場所なのかを確認しながら歩かなくてはいけないのですが、盲導犬と一緒であればわざわざ白杖を物にぶつけに行くこともなく、快適に楽しく歩くことができます。

盲導犬は道案内はしてくれないので、「会社へゴー」と指示しても会社へ連れて行ってくれたりはしません。ユーザーが頭の中で地図を描いて、犬に指示しながら歩いて行きます。誰かに連れて行ってもらうのではなく、自分で歩くことができます！　盲導犬と歩いていると、犬がなぜ今ここで止まったのかわからない時があります。

［エピソード1］

自宅を出たらマンションの廊下をしっぽフリフリ楽しそうに歩くのですが、ある日途中で急に止まってしまったことがあります。「ノー・ゴー」と指示しても一歩も前に進みません。前には何も障害物はありませんでした。再度「ノー・ゴー」と伝えても前に進むどころか家に帰ろうとしてしまいます。

これでは会社に行けないとすったもんだしていたら、ミーナが、右側だったら行ける素《そ》振《ぶ》りをします。それ以上右に寄ると私が壁にぶつかってしまうので、ミーナを先に歩かせて1列で歩きました。その時ミーナが左を見ていたので、何かあるのかと目を近づけて床を見たら、黒い消しゴムぐらいの小さな物がありました。それはたぶんセミでした。

踏んでしまったらかわいそうだと止まっていたようです。それが今までで一番小さな障害物でした。もしＡＩだったらそんなことはおかまいなしに誘導してくれて、私はセミを踏んでしまったと思います。
なぜ止まってくれたのかわからなくて困ってしまうこともありますが、私はこんなかわいい判断をする盲導犬がとても好きで、一緒に歩いていると幸せを感じます。

［エピソード2］

スーパーで買い物をした帰り道、階段を3段降りようとして「ストレートゴー」と指示しても動かないことがありました。階段の下には何も障害物はないはず。「ノー・ゴー」と指示してもビクとも動きません。なぜ動かないのだろう？　と不思議に思っていたら、カチャッっとカギを外す音がして、階段下の道の向こう側に駐輪してあった自転車がバックしてきました。ミーナはまだ動いていない自転車を見て、人の行動から自転車が今から動いてくると判断したようです。「さすが盲導犬だね！」と、ミーナをホメました。

［エピソード3］

公園から出ようとした時に、ミーナが突然止まってしまいました。目の前には段差や障害物はありませんでした。「ゴー」と指示しても動きません。こんなところで止まったことはないのになぜだろう？　と不思議に思っていました。その時、目の前を自転車が勢いよく横切りました。公園の出入り口で植木がたくさんあるから、ミーナには自転車が見えていなかったはずです。止まっていた時間が少しあったので、その時間から考えると、かなり遠くから自転車が走ってくる音を聴き分け、頑張って止まってくれていたのだとわかりました！

盲導犬は私の目の代わりだとは思っていましたが、耳の代わりもしてくれているとは思ってもみませんでした。もし私が目がはっきり見えていたとしても、これは危険だったなと思いました。こんないい仕事をＡＩができるとは思えません。

犬が好きだからという理由だけでは盲導犬は使えません。盲導犬は生きていますから、毎日のブラッシング、排泄物の処理、健康管理など、やるべきことはたくさんあります。でも、大変だからと言ってやりたくないということではありません。盲導犬は私の目の代わりであり体の一部です。忙しいからといって、自分の顔をほかの人に洗ってもらうわけないのと同じで、盲導犬の世話は必ず自分でやります。

盲導犬とユーザーは強い絆で結ばれていて、盲導犬に対しては、大変なことさえも楽しくなってやりたくなるのです。これは盲導犬を持った人にしかわからない気持ちでしょう。

毎月1回のシャンプーも大変ではあるのですが、いつもの感謝を伝えながら楽しくやっています。最初は、8年間で96回もしなくてはいけないのかと計算してしまいましたが、引退が近づいてくると、ミーナのシャンプーをあと何回できるのだろうと淋しくなったりさえもします。

盲導犬は病気になったりもします。フードと一緒に抗生物質を食べさせます。ある時、賢いミーナは、薬1粒と大好きなフード1粒を残しました。「フードが食べられないぐらいお腹がいっぱいなので薬は食べられません!」という、ミーナのかわいい訴えでした。

ロボットと違って大変だけれど、この上なくかわいいパートナーです! ロボットは病気はしないし毎日のケアも必要ない。盲導犬に対する認識不足による受け入れ拒否みたいなこともありません。それでも盲導犬の存在は大変なことを含めても素晴らしいと、いつも感じます! 盲導犬は、歩行サポートだけでなく生きていく力をくれます!

自宅では何がどこにあるのかを把握しているので盲導犬は使いません。そんな時の盲導犬は、しつけが行き届いた癒《いや》し犬です。ハーネスを外して「オッケイ」と言って、自由にしていいよと指示すると、普通の犬に早変わりです。家の中を走り回ったり綱引きをしたりと遊びも思いっきりします。もし私がロボット犬が持てるなら、家の中など生活空間で探し物を見つけてくれる犬が嬉しいなと思います。

とても賢い盲導犬ですが、信号の色は判断できません。視覚障がい者であるユーザーが、車の音や人が歩く音をよく聴いて信号の色を判断しています。判断が間違って赤信号で渡ってしまったこともあります。盲導犬ができないことは、私がアプリなどを参考にしてより安全に歩いていこうと思います！　でも危険がいっぱいの外を一緒に歩くパートナーとしては、盲導犬の右に出る存在はないと思います。

ミーナいつもありがとう！　感謝してるよ！　これからもたくさんいろいろ教えてね！　頼りにしてるからね！

26

盲導犬との同伴出勤はNGを乗り越えてブリーゼは息子・娘と一緒に生活も遊びも

金光弓子（かねみつ・ゆみこ）

大阪府
ブリーゼ

■盲導犬と子育て

長男出産時に同室だった先輩ママさんちに遊びに行ってびっくり。彼女のご主人はなんと盲導犬ユーザーさん。視覚障がいのあるママたちの子育てサークル「かるがもの会」を紹介していただくと同時に、盲導犬についての紹介もしていただくことができました。しかし、なんだかんだの手続きをしているうちに2人目の妊娠がわかり、大阪府の方と訓練センターの職員さんがデモ犬を伴って訪問くださった時には、生後100日に満たない娘がおりました。デモ犬とは、デモストレーション犬のことで、盲導犬にはならなかったけれど盲導犬と同じ訓練を終えており、職員やボランティアさんと暮らしながら、イベントなどで活躍している犬のことです。

乳飲《ち》み子がいるということで、結局はその年の申し込みはしないということになりました が、せっかくなので、デモ犬のフローレンと近所を歩いてみることに。同行していた見習い訓練士さんに、生後2ヶ月の娘の子守をお願いして、いざ出発。歩道上にそびえ立つ電柱を上手に避けながら駅までまっすぐ歩いてくれます。私はひたすら感激していました。

年が明けて、娘の保育園入園も決まったのですが、「かるがもの会」で受けた障がい者の集団就職面接によって、まさかの就職が決まってしまった私。盲導犬ライフはまずは見送ることにしました。


その後、長男5歳、長女2歳の春。ようやく共同訓練スタートへの段取りが決まりました。勤務して2年になっていた職場に、「盲導犬と暮らすための共同訓練が必要だから1ヶ月の休暇がほしい」と申し出たところ、あっさりと許可がおりてひと安心。と思ったら、認められたのは長期休暇だけで、盲導犬との同伴出勤はNGって……。「犬を連れて会社に来るなど非常識だ！」と解雇通達。でも、人事部や営業部や受付の方、また社労士さんたちが「不当解雇だ」と頑張ってくれたおかげで、再雇用となりました。

が、いろいろと条件は最悪。直属の上司である経理部長からは圧力しか感じない。ということもあり、長期休暇でもある共同訓練が楽しみでなりませんでした。それなのに、共同訓練中は家族と会えないって。寂しすぎるから、毎日夕食後にはテレビ電話で家とお話。日に日にしっかりしていく長男の成長に、「ママも頑張らなきゃ」と励まされていました。

その時点ではまだ街中訓練も終了していないということで、犬と一緒の外出はできなかったけれど、息子の5歳の誕生日には外出の許可も出たので、2週間ぶりに家族とランチ。犬舎《けんしゃ》に生後60日の子犬がいるというので特別に見せてもらえることに。

「あそぼ、あそぼって言ってるんだよ」と訓練士に言われた長男は、「え? 何して遊んであげたらいいの?」と熱心に訓練士さんのお話を聞いています。家でも妹と遊んであげてるんだろうなって、とても微笑《ほほえ》ましい光景。一方で、黒いギャング集団(黒ラブ)の中に入った娘は、「ママ、帰りまちゅよ。はい、ここ、ちゅわって」と必死です。あとでわかったのですが、娘は私が1ヶ月いなかったことに気づいてなかったらしい。

そのあと共同訓練も終盤になり、現地訓練として盲導犬を伴って出勤。賢くてかわいいブリーゼは、たちまちみんなの人気者に。訓練士の助言のもと、私のデスク周りが整えられていきます。ブリーゼは新しい環境に戸惑うこともなく、新聞紙の上に敷いたバスタオルの上で、クロワッサンのように丸まって寝息をたて始めます。支店長も支店長秘書も変わったというのに経理部長は移動なしかよ。と、小さくため息をつきつつも、同僚たちにあたたかく迎えられ、どうにか再出発できそうでひと安心。

その日の夕方、訓練士さんと一緒に保育園までお迎えに。ブリーゼはまた、保育園ママたちにも大人気。もちろん子どもたちにもね。訓練士さんも園児たちに囲まれて、まるで「歌のお姉さん」みたいに見事に子どもたちの心を掴んでいきます。そうして子どもたちに、盲導犬との関わり方を教えていきます。

「わんわんはね、ひよこ組さんと同じだから、寝てるとこなでなでして起こしちゃダメ。お菓子もあげちゃダメ。お約束できるかな?」「はーい」と元気よく返事してくれる子どもたち。さすが「シャープ」附属の保育園だ。盲導犬受け入れの理解が早い！　ブリーゼも2歳の娘の歩調に合わせ、ゆっくりゆっくりと歩いてくれます。

家に着くと2歳の娘は、アンパンマンの補助便座を付けて排泄。ブリーゼもワンツーベルトを付けて袋を下げてやると、トイレ内に敷いたペットシートの上で排泄をし始めます。お兄ちゃんが私と一緒に「ワンツー、ワンツー」と言ってくれて、ブリーゼも娘も無事に排泄。こんな風にして犬も人も、我が家でのトイレトレーニングはばっちりでした。

それなのに、娘が私の膝に座っているとブリーゼが頭を差し込んできて娘をどかそうとします。お兄ちゃんが膝に座っていてもそういうことはしないのに。2人ともお兄ちゃんから「仲良くしなさい」と叱られて、それもまた微笑ましい。

ブリーゼの餌箱にフードを準備して「マテ」とコマンド。兄と娘が目配《めくば》せして同時に「OK」と合図。すると娘、ニンジンを突き刺したフォークを持ってお兄ちゃんに「OKって言って」って。


ブリーゼとはいろんなところに遊びに行きました。長男のリクエストで恐竜博物館や昆虫館、ワールド牧場やおもちゃ王国、アドベンチャーワールドや海遊館《かいゆうかん》、天王寺《てんのうじ》動物園やキッズプラザ、科学館にもよく行きました。

一番楽しかったのは鈴鹿《すずか》サーキット。長男が運転するゴーカートやモノレールなどにブリーゼも一緒に乗りました。

そのほか、和歌山マリーナシティー、太秦《うずまさ》映画村、みさき公園、さんふらわあ あいぼり・こばると、などなど。そのほとんどは戦隊ヒーローショー。じつは私がシンケンブルーの大ファンで、夫は仮面ライダーが大好きで、子どもらより大人がハマりすぎて、演目が変わるたびに通ったりしました。もちろん関連する映画もすべてチェック。

どんな爆音にも動じないブリーゼは、舞台俳優さんにも感心されます。悪役の座長さんがむっちゃブリーゼを見てくるんだけど、そこはお仕事中の盲導犬、絡《から》んじゃいけないと思うんでしょうね。その分、子どもたちが絡《から》んでもらえてこれもまたラッキー。

悪役にさらわれた兄妹。「番号！」と悪役。「1号」という兄に続いて娘は……「バナナー」でズッコケるみんな。2歳の子に番号は理解できなかったようだ。

やがて兄は小学校へ。娘は保育園から幼稚園に。そして私は仕事を自己都合退職。で、家にいるんだからとＰＴＡ(ざーます会)に所属。総会や運動会の司会に立候補。だってね、司会にはもれなく「司会席」という座席が用意されているし、ブリーゼは、その机の下という安全な場所で陣取ることができるんだもん。それにね、運動会の司会席ってインカムですべての状況が入ってくるから、見えない私らにとって、最高の場所♪。来賓《らいひん》や観客の方にもブリーゼはバッチリ視界に入ります。

こうして地域にもじんわりと浸透し、受け入れられてきたブリーゼなのでした。

27

盲導犬と病院に入れてもらえなくて義母の最期を看取れず

甚六じっちゃ比奈幸三
（じんろく・じっちゃ　ひな・こうそう）

74歳
広島県
ジェフ

■私の盲導犬ライフ
湘南ボーイの初代・ブレイン号から、二代目・ジェフ号につながる語り

私の盲導犬ライフの始まりは11年前。日本盲導犬協会の訓練センターからでした。一晩明けたら20cm超えの祝い雪が積もっていたことを思い出します。

最初の訓練の時、様々な講義をしていただきました。担当の指導員さんから何かにつけ細かなアドバイスをいただいたこと、毎回の訓練中、あの『盲導犬クイールの一生』に登場する訓練士の多和田悟さんに、真剣な話と冗談をうまく使い分けて励ましていただいたことなど、大変力になっています。多くのみなさんにお世話いただいたこと、昨日のように思い出します。

冒頭の見出しに初代・ブレインと書きましたが、今は二代目のジェフと暮らしています。相棒と歩いている時、様々なことへの対応を教えてくれます。一番印象に残っているのは、初代君に「命令への利口な不服従」を教えてもらったこと。それは、こんな具合でした。

小さな道から大きな道に出る際の歩道でのこと。急にハーネスが止まって高く突っ張ってしまいました。私は弱視なので身の周りのことくらいは見えているつもりでしたが、何が起きたのかわかりませんでした。犬のところを見てみると前足を突っ張り、座り込んで動こうとしません。周りを見てみると、歩道が交わる手前で、老人が自転車に乗って止まってくれていました。こんなことがあって、命令の不服従を勉強させていただきました。こんなこと一つひとつの積み重ねが、ユーザーと犬のお互いの自信となり、確信となっていくものではないかと思いました。

私は、乱暴な言い方ですが、「杖は歩いてくれないが、盲導犬はユーザーを安全に連れて歩いてくれるよ」などと話すことがあります。すべてができるわけではありませんが、毎日通う駅から自宅までぐらいだったら、犬は習慣として学習してくれています。

初代君のパピーウォーカーさんとは、ブレインが私のところへ来た2、3年後からネットでのお付き合いをしています。毎年ブレインの誕生日には犬のシャツが届いていました。ありがたいことです。

家族ぐるみでの初対面は、日本盲導犬協会・富士ハーネスで行われた、キャンドルナイトイベントでした。歴代の盲導犬の写真を焼き付けたタイルが張り付けてある戸外の円周モニュメントも回り、知り合いのパートナーの写真も楽しく探しました。

暗闇《くらやみ》の夜空に白い雪帽子をかぶった大きな富士山。その下には、すでに虹の橋を渡った先輩たちを忍んでのキャンドルがところ狭しと並び、富士の裾野《すその》を赤々と照らしていた光景が忘れられません。自分の相棒が虹の橋を渡る時には、絶対来てあげたいと心に決めて帰りました。

この時、車で湘南海岸から御殿場《ごてんば》経由で富士ハーネスまで行ったのですが、牧場での美味しい牛乳で作ったラムレーズンソフトクリーム、静岡名物の焼きそば、瀬戸内とはひと味違う刺身や魚、お寿司などは、今でもその味が忘れられません。パピーウォーカーご夫妻に感謝です。

時を経て、初代君との別れ、そして次の相棒との出会いになりました。この時は日本盲導犬協会・島根あさひ訓練センターでした。訓練開始の日まで泊まり込みの支度《したく》をしながら、初代君に8年間の感謝の意味もあり、今まで食べさせることのなかった肉などもあげました。

いろいろな思い出に感謝しながら、訓練センターには初代君と夫婦2人で行き、この子とは今日までと思ってセンターに入りました。職員さんと雑談もして、今後の説明も受けてから、いよいよ別れの時です。「いいですか!」に「ハイ」と答えると、さっさと初代君を連れて行きました。別れの覚悟はしていたのに、あまりにもあっけなく終わってしまい、かえってこれで良かったんだと自分自身に言い聞かせました。

続いて職員さんは、二代目君を連れて来て私の横に座らせました。初代君も30kg級でしたが、今度の子も同じくらいで、胸郭《きょうかく》が大きくどっしりとしています。

これで交代の段取りは無事終わったと安心していました。ところがその夕方から、初代君の、今まで聞いたことのない、もの悲しく主人を探し求める「ピーピー」の泣き声が一晩じゅう響いていました。予告なしに主人がいなくなるのですから、犬にとっては大変なことでしょう。

そんな状況で二代目君の訓練が始まりました。3日くらい基本訓練をしてから、自宅での訓練に入ったと思います。訓練所にいた時はずっと初代君の泣き声が続いていたように覚えています。そんなこんなで訓練も終えて、二代目・ジェフ君の誕生です。
初代君は健康診断を終え、彼のパピーウォーカーをしていただいていたボランティアさんのお宅で暮らしていることを聞き、安心しました。二代目・ジェフ君とのコンビもすでに3年が過ぎ、お互いの性格も理解できるようになってきました。

私は広島県福山市の端っこに住んでいます。街中に出るのは電車で、その沿線には多くの学校があります。そこに通う生徒たちの中には、盲導犬が珍しくてちょっかいを出してくる子がいます。そこで、学校側に「盲導犬には手をを出さないように」という文書を出してほしいとお願いしたことがあります。
また沿線では、ドアの開閉が手動の時、子どもたちが競ってドアを閉めたがります。こんなことを許していたらいつか事故が起きるのではと心配していました。そんな時、不運にも私が腕を挟まれて、「犬は外、ユーザーは内」状態になりました。幸いにも電車を止めてくれるように大声を出して助かりました。

二代目・ジェフ君とは、妻の母親が病院で今際《いまわ》の際《きわ》に駆けつけたら、事務長が出て来て盲導犬はダメだと言うのです。事情を話していたら時間が過ぎ、生前の義母の顔を見ることができませんでした。特に田舎では多いことなのかもしれません。

　個人医院では、紹介状で行っても「うちは犬は入れない」と言われることがあります。それなら「ほかの病院を紹介してください」と言うと、しかたなく検査を受けさせてくれました。該当する医師会に電話しましたが、事務局がわかりませんでした。紹介状とか予約票などで病院が指定してある時などは、とても困ります。

　大きな総合病院でも、診察室と待合場所に補助犬は入れなくて、管理人室で預かると言われました。この時は行政に入ってもらい、病院との話し合いの場を作っていただき解決することができました。その後、系列病院のホームページも改訂《かいてい》され、補助犬同伴で入れるようになりました。身体障害者補助犬法の規定にある、都道府県や政令指定都市、中核都市の補助犬相談窓口に入っていただいたことが良かったと思います。

28

東日本大震災で盲導犬歩行を決心
最初はたくさんの失敗、多くの不安が

鈴木恵子（すずき・けいこ）

56歳
神奈川県
マシュウ

■私が盲導犬を持った理由

私が盲導犬を持とうと漠然と思ったのは、今から約14年くらい前でした。当時網膜色素変性症で、歩くことがだんだん怖くなってきた時期でした。しかし、保育園に通っていた娘が、犬を怖がっていました。盲導犬を持つのは難しいかなと思いつつ、娘を連れて盲導犬協会に見学に行きました。

もちろん、初めは大きな犬を怖がっていましたが、私が体験歩行をさせてもらうと、「ママばかり、ずるい。今度はみーちゃんが歩く」と言い出したのです。しかも、帰りには「あのわんちゃんは、いつ、うちに来るの？」とまで。嬉しい手応えを感じた瞬間でした。と

は言っても私は、犬を飼ったことがありません。お世話をできるのかも不安でした。

そんな中、２０１１年3月11日、東日本大震災が発生。私は、職場で仕事をしていましたが、首都圏ではどんどん電車が止まっていき、帰宅できるのかと心配になってきました。しかし、職場の総務の方たちが私のためにタクシーを拾ってくださり、乗車することができました。

しかし、私が帰宅する方向は停電していて、信号が止まり道は大渋滞。「歩いたほうが早いけど、難しいよね?」と運転手さん。その時、盲導犬がいたら歩いて帰ることができるかもと思い、そして、絶対に盲導犬を持とうと決心しました。


そして、半年後の10月。我が家に盲導犬がやって来ました。初めはもちろん失敗もたくさんありました。不安も多く、もう盲導犬はいらないと思ったことも……。しかしながら、一人で歩けることは何物にも変えられない喜びです。使用者の先輩にアドバイスをもらったり、時には勇気づけてもらったり。そうして今は13年になり、２頭目の盲導犬と歩いています。この年齢になっても自分の成長を感じられるのは、盲導犬と一緒だからかな、とも思います。

これからも大変なことはもちろんあると思いますが、嬉しいことも楽しいことも、それ以上にたくさんあるはず。この喜びは、盲導犬使用者の特権かもしれません。一緒に歩ける喜びを感じながら、これからも歩いていきたいと思います。

29

引退後は会えないと思っていたキープが2日続けて夢の中で呼びかけてくれた

岡藤みゆき（おかふじ・みゆき）

55歳
山口県
キープ（1頭目）
フルラ（2頭目）

■パートナーとの別れ

「お母さん、一人で学校に来てほしい」という子どもの言葉が、盲導犬と歩き始めるきっかけだった。

16年目を迎え、1頭目のキープ、2頭目のフルラというパートナーと暮らすことで、自由に一人で出かけることができるようになった。これは最大の喜びであり幸せでもあった。私だけではなく家族も同様である。もちろん盲導犬との生活が順風満帆《じゅんぷうまんぱん》だったわけではないが、喜びも悲

しみもいつも分かち合う、私のそばにいてくれた家族、いや私にとっては体の一部である。

そんな盲導犬との生活で、どうしても避けることができないのがパートナーとの別れである。盲導犬とは2度の別れが訪れる。1度目はの引退の時、2度目は永久《とわ》の別れである。1頭目のキープの時に体験し、2頭目のフルラもあと数ヶ月で引退の日を迎えることになる。ここではキープの別れについて書くことにする。

2016年12月、引退の日を迎えるため家族で訓練所に向かった。新幹線で2時間半ぐらいで着くところだが、あえてフェリーにして1泊し、家族でキープとの最後の夜を過ごした。家族でキープと別れる時は、「笑顔で別れよう」と主人が言ったので、私も娘も涙をこらえ、引き取ってくださるKさん家族とキープの話をした。Kさん家族が飼っていた犬のお話を聞き、大切に育てて病気で失明した犬の生活や、介護や虹の橋を渡っていった話を聞いていたら、私は「この家族ならきっとキープを大切に、幸せにしてくれるに違いない」と思いながら、ハーネスを外しリードをKさん家族に渡した。

今にも涙がこぼれそうになったその時、すすり泣く声が聞こえてきた。誰かと思えば主人である。そして、約束はどこにいったやら、その瞬間そこにいたみんなが泣き出したのである。私も、もう会えないかもしれないと思うと、なんともやりきれない気持ちになり苦しくなった。家族も同じ思いだったと思う。娘は帰宅後に熱が出て学校を休んだ。別れはつらかったが、キープも老後は家庭犬として幸せに生活してほしい。私がしてあげられなかったことをたくさんしてもらって、Ｋさん家族の一員として幸せになってほしい。そう願わずにはいられなかった。

引退後はもう会えないと思っていたキープに再会することができた。３年ほど経っていて、私の思いとは裏腹にキープはクールな態度だった。私は何度も名前を呼んで懐かしいキープの体をなでた。その横で現パートナーのフルラがヤキモチをやいて私に体をこすり付け、お腹を見せてくる。「キープを触らないで私をなでて」と言っているかのように、キープのところに行かせようとしない。私はキープのクールさに寂しさを感じながら、フルラが私に「キープのところに行かないで触らないで」という行動を取るので申し訳なく、複雑な思いになった。

その後、キープは我が家にも連れて来てもらえた。老いていくキープに涙が出たが、いつもの散歩コースや家を覚えてくれていたこと、ワンツーベルトでの排泄もできたことがすごく嬉しかった。

その翌年の暑い夏。いつものように、ときどき送られてくる動画でキープが元気なことはわかっていたのに、なぜかずっとキープが気になって夢にまで出るようになった。そんなある日、夢の中でキープから「母さん会いたいよ！　会いに来て！」と、２日間同じように語りかけられた。私は胸騒ぎがして、電話をするべきなのか迷ったが、やがて、かけてみた。

「今年の夏も暑いですが、キープは元気にしていますか？」と尋ねると、驚いたようにこう言われた。「じつは2日前からキープがごはんを食べなくなって……。岡藤さんに連絡するのか迷っていたところ、このタイミングで電話があったので驚いたんですよ」

私は、２日前から夢の中でキープが私を呼んでいることを伝えるとさらに驚いていた。すごくイヤな予感がしてならなかった。

そこで、「キープに会いに行ってもいいですか？」と伝えたら、「いいですよ」となって準備を始めた。もう夜遅くになっていたが、お世話になったヘルパーさんとパピーウォーカーさんにその話をした。ヘルパーさんは早朝に駅まで送ってくれて、パピーウォーカーさんはキープに会いに行くあいだはフルラを預かってくれることになって、すごくありがたかった。

新幹線で向かい、パピーウォーカーさんに預けるため途中下車すると、改札で待っていてくれたので、フルラの預かりをお願いして再び新幹線で目的地へ。その後の私鉄に乗り換え駅でKさんが待っていてくれた。そして、最後になるかもしれないキープとの対面。

家から出発して7時間が過ぎていた。キープは寝たきりではなく、ゆっくりとだが歩いていた。呼んでも聞こえているのか見えているのかわからない。呼吸が荒々しく苦しそうだった。少し歩いては止まり、ダウンして寝てしまう。私はキープと一緒に横になりキープをなでた。

「キープ、私のところに来てくれてありがとう。我が家に幸せを運んでくれて。キープのおかげでいろんなところに行くことができたし、千夏の成長も一緒に見てきたよね。本当にありがとう」この言葉を伝えたかった。涙が止まらなかった。Kさん夫妻がこう言う。昨日までずっと雨が降っていて明日も雨。今日晴れたのは、私たち夫婦がキープに会えるために晴れたんだろうと。

30分もいただろうか？　いつまでもそこにいたかったが、日帰りなので戻らなければならない。お別れをして駅に向かい新幹線に。フルラを預けたパピーウォーカーさんと改札で落ち合い、また新幹線ホームまで案内してもらい22時過ぎに家に着いた。フルラは待っているあいだ、公園や家で楽しく過ごしていたらしく、本当にありがたかった。

その日1日、30分ぐらいキープに会ってあとは移動に時間を費やし、食事も満足にとれなかったが、疲れたとは思わなかった。むしろ、キープに会えたことで気持ちが満たされた。

それから3日後、キープは虹の橋を渡った。15歳と6ヶ月の生涯。眠るような最期だったと聞いた。悲しくてたまらなかったが、私に「会いたい」と教えてくれたことと、それでキープに会えたことが嬉しかった。最後に「ありがとう」と感謝の気持ちを伝えられたことが本当に良かった。たくさんの人の協力で再会できた。引退したキープを大切にし、幸せにしてくれたKさん夫妻には感謝の言葉しかない。そのおかげで、2頭目のフルラと一緒に歩けるのだから。

フルラもあと数ヶ月で引退を迎えて、大好きなパピーウォーカーさんのもとに帰る。別れは寂しくつらいものではあるが、大切なパートナーが幸せだったと思える犬生にしてあげることだけを考えて、パピーウォーカーさんにバトンをつなぐ。そして私はまた新たなパートナーと歩くだろう。

パートナーに感謝の気持ちはもちろんだが、多くの盲導犬に関わってくださった人に、大いなる感謝の気持ちを抱きながら、今日もフルラと一緒に歩く。

30

マシュウとの最高の思い出は宮崎の4日間 その翌月に具合が悪くなって…

どばちゃん
(ハンドルネーム)

56歳
秋田県
マシュウ

■最初で最後の旅行

2020年1月、約20年前にSkypeで友だちになった宮崎県都城《みやこのじょう》市のYさんとお話ししていた時に、「一度でいいから会いたいよね?」となった。この話題はたまには出てきていたのですが、その時には「それなら会おうか?」と、とんとん拍子で話がまとまり、5月下旬の予定を立て、航空券も予約しました。けれどしばらくして、新型コロナが流行して緊急事態宣言も出され、旅行は中止。

そして2023年に入って、5月から新型コロナも5類になり、やっと旅行もできるようになったので、4年ぶりの計画を実行するため、7月18日から21日までの3泊4日で宮崎県都城市のYさんに会うために旅行することになりました。
これが、マシュウとの初めての旅行になります。

【7月18日】

当日は、14日の午後から降り続いた豪雨災害の影響でJRが運休したため、母親の車で秋田空港まで送ってもらい、秋田空港から伊丹《いたみ》空港経由で宮崎空港に向かいました。マシュウにとっては初めての飛行機でしたがおとなしくしていました。

（機内での1コマ）

CA「お連れさまにお飲み物を用意していますが、いかがなさいますか？」

（一人しかいないのに誰のことかな？）と疑問に思い尋ねたところ……。

CA「ワンちゃんのお水を用意しています」

「大丈夫です。ありがとうございました」とお断りしました。

宮崎空港到着後、ヘルパーさんとともにホテルの近くで昼食。その後、ホテルにチェックインしてゆっくりしました。マシュウも思った以上に落ち着いていて、安心しながら眠りにつきました。

【7月19日】

朝、ヘルパーさんとホテルを出て、宮崎駅から電車に乗り都城駅に。都城駅にはYさん夫婦が車で迎えに来てくれ、車に乗りYさんの実家に向かいました。Yさんの実家では牛を飼育していて、牛を触らせていただきました。私が子どもの頃、まだ見えている時に本家の家で牛を飼っていて、ときどき遊びに行って牛に餌やりをしていたので、Yさんの実家で牛を飼育している話を聞いた時に、お願いして触らせていただくことになった次第です。

マシュウは牛の近くに行ってもおとなしくしていました。Yさんの実家ではマシュウが人気で、みんなは触ったり一緒に写真を撮ったりしていました。その後、同じskypeで知り合ったKさん夫妻と合流して、昼食をとりながらカラオケで楽しみました。カラオケ終了後、Kさん夫妻と別れ、Yさん夫妻の車で私が宿泊している宮崎市のホテルまで一緒に行き、Yさん夫妻と宿泊しました。

【7月20日】

今日はYさん夫妻とヘルパーさんと私の4人で、午前中は鬼の洗濯板・青島神社を観光。昼食はチキン南蛮が有名なお店の本店にいきました。午後からは宮崎神宮にお参りを。その後、宮崎駅でYさん夫妻とお別れしたあとに、お土産を買ってホテルに帰りました。観光地では、私はマシュウと一緒に単独歩行をしていましたが、道行くみなさんは盲導犬を見るのが珍しいみたいで、声をたくさんかけられました。

【7月21日】

朝、ホテルまでヘルパーさんに迎えに来てもらって宮崎空港に向かい、昼頃の飛行機に乗り、羽田空港経由で秋田空港に到着。その後、リムジンバスで秋田駅に。JRが動いていたので電車で地元駅まで向かい、夕方家に帰ってきました。3泊4日のマシュウとの初めての旅行でしたが、楽しく過ごすことができて良かったです。

しばらく経った8月中旬頃から、マシュウが少しずつおしっこを我慢することができなくなり通院していました。それでもだんだんと症状が悪化し、夜中も起きて外にトイレに出す回数も多くなってきました。11月21日のエコー検査で膀胱《ぼうこう》に腫瘍が見つかり、北海道盲導犬協会と話し合った結果、北海道で治療することに。12月3日には協会の方がマシュウを引き取りに来て、その際に、盲導犬の代替えも考えて面接も行いました。

【12月11日】

北大の動物病院で、超音波による、遺伝子細胞、尿、血液などの検査をしたとの報告を受けました。その時に協会でのマシュウの様子を聞いたところ、トイレとおしめの併用で対応していて、普段は寝ているが起きた時にはきょろきょろしていて、私を探しているとのことでした。

【12月22日】

マシュウの状態について報告を受けたところ、尿《にょう》がダダ漏れして、おしめを付けているとのことでした。

【12月26日】

検査結果が出て、詳しい検査をしなければ容態《ようだい》は不透明とのことで、1ヶ月間投薬治療をしたあと、その結果によって治療の方向が決まってくるとのことでした。

【2024年1月1日】

夕方に能登半島地震が起き、北海道盲導犬協会から安否《あんぴ》確認の連絡があった時にマシュウの様子を聞いたところ、「元気で遊んでいて食欲も普通」と報告を受けました。その後、協会から連絡があるたびにマシュウの状況が悪くなってきていました。協会指導員がマシュウを引き取りに来た時から覚悟はしていましたが、とにかく病状の進行が速すぎて、まだ気持ちがついていっておらず、戸惑っていました。

そして、2月18日14時45分、マシュウは永眠しました。

新型コロナが明け、思いきって7月に宮崎県都城市のYさんに会いに行ったこと。結果的にはマシュウと最初で最後の旅行になってしまいましたが、今思えば、本当に行って良かったと思いました。全犬使会30周年記念イベントの1つとしてこの本が出版されると聞いた時、マシュウと旅行したことを書こうと思い立ちました。

昨年8歳になっていたマシュウには、それまで様々な体験をさせることができ、これから一緒に引退までと思っていたところ、以上のような状況となってしまいました。今回、本に書き留める機会に恵まれ、マシュウとの思い出が記録に残ることを嬉しく思います。

マシュウ、今まで本当にありがとう。

31

愛する「頑固なおじいわん」と共に全国のユーザーさんと沖縄を満喫

西澤友紀
（にしざわ・ゆき）

39歳
青森県
ウルム（オス）

■君と叶えた日本縦断の夢　～わいがや伊江島探検隊に参加して～

私が1頭目のウルムとコンビを組んで、早くも9年が過ぎ、ウルムは10歳半を超えました。集中していられる時間が少なくなり、自分でイヤだと感じると拒否の姿勢を貫《つらぬ》く「頑固なおじいわん」へと変わりつつある彼をなでながら、「君が引退する前に、1回でいいから仕事以外で観光旅行に行きたかったな」と話しかけていました。

そんなある日、沖縄県にお住まいのユーザーさんから1本の電話がかかってきました。「今度、伊江島で民宿をやってるユーザーさんのところに、全国のユーザーさんを集めて観光旅行しようと思うんだけど、西澤さんどうかな？」

人生で初めての沖縄にウルムと行ける！　しかも観光で！　私の胸は久しぶりに高鳴りました。そうと決まれば行動あるのみと、出席予定の会議に代理で参加してくださる方や職場のチーフに、「一生のお願いです、沖縄に行かせてください！」と懇願《こんがん》し、ＯＫをいただいて、ようやく参加のお返事をすることができたのでした。


旅行1日目。氷点下3度、雪がちらつく青森空港から羽田空港に向かって、飛行機が離陸しました。機内ではシートベルトを外してトイレのために席を立つお客さんが現れ始めました。ここから、私とウルムとの綱引き大会開始です。

本来盲導犬は、座席の前か横に伏せさせますが、狭いところに入り込んでじっとするのが大の苦手なウルムは、なんとかして通路に脱出しようとします。私は「Ｎｏ！　ダメよ」と言いながらウルムを自分の席へ引っ張り込もうとしますが、ものすごい力で抵抗されるのでうまくいきません。

私たちの奮闘《ふんとう》を見たＣＡさんや周囲のお客さんたちにもウルムのお尻を押していただきながら、30分間頑張り続けました。お客さんがシートベルトを締め始めるとなぜかおとなしくなるウルム。しぶしぶ座席の前に寝転がって耳をぱたぱた、何度も大きな溜め息をつき、イヤそうにしていました。

着陸後は「ぼくの出番だ！　やっぱり足が地面に着いてるほうがいいや」とでも言うように仕事を再開、周囲の方たちにホメられて上機嫌、私は「ほんと、ウルムは賢いなー」と苦笑いするしかありませんでした。


次は那覇空港へ。ウルムは先ほどより落ち着いて寝ていられたので、私は念願のコンソメスープをいただくことができました。

那覇空港を出たところで、伊江村社会福祉協議会（以下、社協）の職員さんにガイドしていただき観光バスへ。私が到着するのを、参加するユーザーのみなさんが待っていてくださいました。東京、大阪、神戸、福岡など全国各地からパートナーと共に集まったみなさんも、地元・沖縄のみなさんも、とても元気でおしゃべり好きのようでした。

バスが出発してまもなく、ウルムの様子を確認しようと手を伸ばすと、数頭のわんちゃんたちの鼻が一斉に私の手に集まって来ました。かわいくて思わずにっこり。さらには社協の方のトークが面白くて笑っているうちに、バスとフェリーを乗り継いで伊江島上陸！　宿泊先にチェックイン後は、港近くのレストランでお食事をいただきながら、三線《さんしん》と歌に癒され、舞っていた方の大きな扇《おうぎ》に触れさせてもらいながら、9年前にウルムと約束した、日本縦断《じゅうだん》の夢が叶った喜びを噛みしめていました。

社協さんのご厚意でシャワーをお借りした時のこと。私を誘ってくださったユーザーさんのシャワーのあいだ、パートナーのワンちゃんをお預かりしていました。すると、「くーん、くーん」と寂しそうな声が。「すぐ戻って来るから頑張ろうね」と声をかけますが、声は大きくなる一方。とうとう耐えきれなくなったのか、「今来るよ、もう少しだよ」となだめる私の声をさえぎるように、部屋じゅうに響き渡る遠吠《とおぼ》えでご主人を呼び始めました。それはまるで「知らない人と一緒はイヤよ！　早く帰って来てよー！　なんでこの人と一緒にいなくちゃいけないのよ！」と訴えているようで、胸が詰まって涙が溢れました。犬が主人を思う強い気持ちが感じ取れて、民宿で待っているウルムに一刻も早く会いたくなりました。

2日目。いい匂いに誘われて階下へ降りると、民宿の方が朝ごはんを作っていてくださいました。ソーキ汁とおかずがあまりにも美味しくて、ついつい全部おかわり。亡くなった母親のことを思い出して、久しぶりに幸福感でいっぱいになりました。

次はさとうきび作り体験。太い竹のような立派なさとうきびを機械に通すと、小川のせせらぎが聞こえるほどたくさん原液を絞ることができ、少し味見をするとやさしい甘さを感じました。煮詰めた糖蜜を試飲し、でき上がった黒糖の塊《かたまり》を試食させていただきましたが、コクのある深い味わいで、いくらでも食べられそうでした。

次に、パークゴルフ体験をしました。初めてのゴルフ体験でうまくできるか不安でしたが、ボランティアで参加の中学校の生徒さんが親切に教えてくださいました。そして、お会いしたいと思っていた全犬使会理事の方と一緒にコースを回ることができました。私は遠くまでボールを飛ばすのが上手、相手の方はカップインするのが上手と、ホメていただき大満足。「チームを組んでプレーしたほうが成績いいんじゃない?」と笑い合いました。

ハイビスカス園では花粉《かふん》アレルギーのため5分もいられず、外のベンチで風に吹かれながら自然を満喫。お昼はOGビーフのステーキを堪能しました。「伊江島タッチュー」の名で親しまれて城山《ぐすくやま》を登山しているあいだ、おじいわんのウルムは留守番をさせました。参加者一人一人にはバディーの方が付いてくださったのですが、なんと事前にアイマスクを着けて登山してくださり、私たちが安心して城山を上れるように学習会を開いてくださったのだそうです。

急な階段に悪戦苦闘、胃の中の牛が大暴れし、自らの耐力のなさと身体の重さに音《ね》を上げそうになりましたが、頂上で感じた風の気持ち良さに、今度はしっかりコンディションを整えて登りに来ようと思いました。

降りたあとに一気飲みしたイエソーダ（黒糖味）は格別でした。お土産屋の店員さんから、「お得よー、お勧めさー」と言われるままに買った3kgほどのジーマミー黒糖（お菓子）は、当分なくなりそうにありません。

夜は社協の方が作ってくださった伊江野菜のカレー、塩漬け島らっきょう、サーターアンダーギーなどをいただきながら、参加者の自己紹介に耳を傾け、直接会って表情やその場の空気を感じながらお話しすることの大切さを再確認できました。


3日目。バスの中で油味噌おにぎりをいただきながら、本土へフェリーで戻り、今帰仁《なきじん》城址《じょうあと》の見学をしました。ガイドさんが、老犬ボランティアのお世話に関わってくださった方で、お城ができた経緯や祈りの大切さについて教えてくださいました。積まれていた石、アンモナイト、お城の模型、お堀代わりに使っていたというソテツの葉っぱにも触れることができました。

お昼でみなさんとはお別れし、空港内のおそば屋さんで「本場のソーキそば」をいただき、私とウルムは帰路につきました。綱引き大会をしながら……。

移動は大変でしたが、伊江村社協のみなさんや参加されたみなさんのやさしさ、あたたかさ、盲導犬とユーザーさんの絆の素晴らしさに触れ、私自身がたくさん笑って癒された、楽しい3日間となりました。そして、ウルムに無理をさせるのはもうやめよう、引退まで穏やかに、なるべく長く一緒にいようと決めたのでした。

32

災害時、避難訓練、避難所における視覚障がい者と盲導犬の問題あれこれ

石田尚志（いしだ・ひさし）

77歳
島根県
クベル（5歳・イエローラブ）

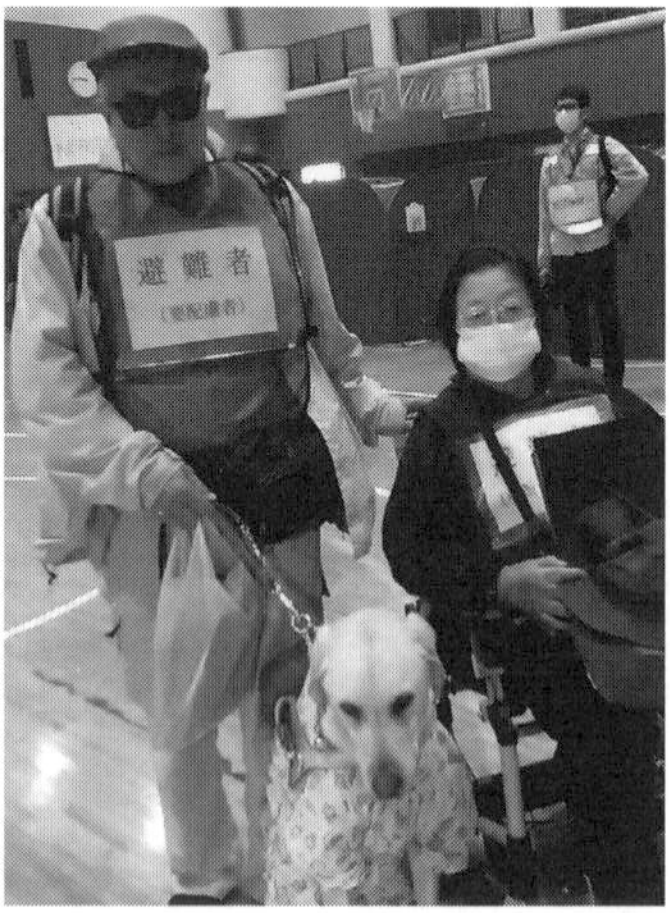

■キララとクベル・災害時訓練にいること

［〝ビブス障がい者〟での避難訓練？］

２０１３年、島根県視覚障害者福祉協会に加入した時、小川幹雄会長は県防災会議の一員であり、晴眼者を集めて「視覚障害者」とビブスを付けた防災訓練には懸念を持っておいでした。ビブスの障がい者？　どうしてでしょう。

[原発事故を想定した広域《こういき》避難]

島根県庁、松江市役所共に、島根原子力発電所の10㎞以内です。放射能漏出事故に対しては、公民館単位で近隣の県に集団退避する仕組みができていて、2016年の盛夏、島根原発事故を想定したその訓練の呼びかけが市の防災危機管理課からあり、我ら夫婦はキララ同伴で申し込み、喜ばれました。

予定日が迫ると「盲導犬の面倒まではみれない」と参加を取りやめてほしい旨《むね》の伝言が。「いやいや、盲導犬の面倒をみるのはユーザーの私！　同乗者の人たちが盲導犬へのマナーに気を付けてもらいたい！」と悶着《もんちゃく》めいて、集団避難訓練に参加しました。

放射能汚染のチェックポイントも予定どおり過ぎ、中国山脈を横断する3時間余り。キララはバス座席の床に身を沈めて、duck（伏せ）です。岡山市の中央公民館に到着し、芝生の庭で腰にベルトを巻いたキララがポリ袋に排泄する様子を、松江市の担当者が撮影して市の本部に送信していました。疑念とされた盲導犬の面倒！　誰がどんな世話をしていると思われたのでしょうか？

[公民館地区での避難所設定に参加]

キララも、小学校の登校路で毎朝子どもたちに挨拶で30分余りをきちんとsit（座れ）

していたためなのか、公民館での防災訓練に誘われました。

地区の小学校・中学校の校庭に緊急自動車などの区画を確保しながら、周囲に車の通路を設けて、避難車の駐車場を割り付けること。そして、体育館では、周囲に歩く幅を確保しながら、救助物資の搬入・受け入れと配布など基本的な区画を作図する机上訓練です。

研修室の前で「盲導犬は廊下で待たせて！」とも言われましたが、「試させて！」と入室。2時間ほどの訓練のあいだ、キララは机の下でduck。地元の参加者、市の担当者の誰もが、訓練が終わるまで盲導犬の存在に気づかずでした。机上訓練へのキララの同伴に誰が何を心配されたのでしょうか？

［JAL機内退避訓練と鉄道ホーム—線路での安全体験］

2018年にあった羽田でJALの機内退出体験と、翌年の成田市・鉄建建設の鉄道ホームの安全対策体験にも、キララ同伴で島根県から羽田に飛んで参加しました。日本盲導犬協会ユーザーの会、川上正信前会長のもとに集まった世話人たちで行われました。

訓練用の機体からの退避訓練では、床と救命ボートの底までは1m、鉄道ホームから線路の高低差も1.3mあって、キララを移動させるには抱え下ろしたり抱え上げたりの力仕事です。日常のcomeやgoでは盲導犬は動きません。

［〝災害避難所〟に盲導犬がいること］

2021年秋、1頭目キララが引退し、代替訓練は、島根県浜田市の山間部にある、日本盲導犬協会島根あさひ訓練センターでした。折しも、島根県総合防災訓練が浜田市の海浜部・瀬戸ヶ島であり、消防はじめ海上保安庁などの救助訓練などが展開され、盲導犬啓発ブースには県内の盲導犬3頭も集まりました。

ちょうどこの春、「身体障害者補助犬は災害避難所に同伴できる」旨が県のHPに掲載されたので、「災害避難所には盲導犬がいなくてはね！」と、キララと共に、日本盲導犬協会職員とで長浜小学校の体育館・訓練避難所に詰めました。そこには、避難者用の32個の個室が2列に並んで組み上げられ、それとは別のプライバシー確保として壁沿いの通路に、天井シートのある更衣室、授乳室なども設営されていました。

主催者の浜田市長、マスコミの取材班ほか、予定登録された複数の見学者も避難所を訪れました。段ボールベットのあるファミリールームに訓練避難しているキララを、県の危機防災課の職員F氏、M氏も見ていて、見学者への私たちの説明も聞こえていたようです。この防災訓練への参加が、キララの盲導犬最後のお仕事になりました。

2021年3月には、県が「身体障害者補助犬は災害避難所に同伴できる」旨のステッカーを作成してから、県内の全避難所に配布しています。島根ハーネスの会の現会長や、日本盲導犬協会・島根あさひ訓練センター長がたびたび県庁を訪ね、「盲導犬同伴での災害避難」を陳情《ちんじょう》された結果でもあります。加えて、地域施策を行政団体に助言している島根大学教授のお力添えも多大です。

［翌年の県総合防災訓練への参加、難儀しました］

2022年の島根県総合防災訓練では、隠岐《おき》の島町《しまちょう》での参加希望を県の担当課に連絡しますと、「参加できるのは事前に指定した人だけ」と拒否されました。この年の総合防災訓練には、日本盲導犬協会も島根ハーネスの会も不参加の意向でした。

せっかく県が、災害避難所に補助犬が同伴できる旨を表明している2年目に、盲導犬が災害避難所にいないことになります。会の失策です。結局は前年の訓練避難所にいたキラと私を見ていた県の危機防災課のF氏とM氏の仲介で、クベルと共に隠岐の島町での総合訓練に参加できました。

前日に、クベル同伴で隠岐の島町への船旅から、隠岐水産高校の訓練待避所に入場しました。まずトイレまでの経路と非常口の確認。これは何よりも大切です。DWAT（ディーワット＝災害派遣福祉チーム）の人の手引きで経路を覚えました。

訓練避難者への健康情報の聞き取り方式とか、放送だけによる場内の伝達だったことと
か、県の担当課から求められた検討事項を文書で提出でき、見えない者からの改善点も伝
えました。

〔島根県身体障害者団体連合会、訓練避難所に参加〕

2023年の総合防災訓練には、県の身体障害者連合会も参加。電動車椅子の妻の運転する自家用車で、お隣の安来《やすぎ》市の中学校の体育館に出かけ、視覚障がいの私とクベルが訓練避難所に入室。連合会事務局員から、ほか2名の地元の障がい者も参加していたということを、残念ながらあとで聞きました。障がい者の連携をとるのが仕事だと思った部分です。

事務局員の手助けで、まずトイレと非常口までの経路を確認。次いで、中央の避難個室を取り巻く通路の確認です。あとは会場内の情報伝達などの体験。多人数が集まっている訓練避難所内での情報伝達は、マイクでのアナウンスのみで聞き取れませんし、あとから聞き返せません。伝達情報をを掲示で残す必要性を感じます。冒頭の写真はこの時のもので、ビブスを付けた見えない筆者と、電動車椅子の歩けない妻で、避難個室の列が背景に並んでいます。

［ＩＴ機器の活用］

会場のパンフレットなどを、見えない者向けにスマホアプリで音声化できることも、晴眼の連合会の事務局員にも示せました。見えない私たちに必須のアプリも晴眼者には不慣れなアプリです。音声を画面上で文字にすると、聴こえない人と見えない私との会話も挑戦できます。避難所の中で、「見えない人・聴こえない人・話せない人」と、周囲の人との意思の疎通が、アプリを使って可能になることを知ってもらうことも必須です。

［障がい者はどう避難させてもらえるのか？］

災害については受け身でいれば、いまだ大きな障壁です。一方、災害時に障がい者自身を含めて、どう助け合えるのか？　自助・共助の視点から訓練避難所で何ができるのか？　何が要るのか？　当事者たちの参加と意見が必須です。

私たち盲導犬使用者にとっては、訓練避難所に同伴する相棒のことも課題の１つです。

33

43年間を共に生きた4頭とのお別れの時そして今、5頭目の娘とまた海外へ

郡司七重（ぐんじ・ななえ）

79歳
東京都
フローラ

■しっぽのある娘たちと共に

「「グッバイ」と　モノ見ることと職と恋に　軽く手を振り　27歳を生きる」

1972年の夏、私は自分の両目の視力が二度と戻ってこないと悟りました。病室に持ち込んだ小さなラジオからは、雄大な空を悠然と飛ぶ大鳥を思い描く曲、サイモン&ガーファンクルの「コンドルは飛んでいく」が流れていました。

失明と同時に、それまで育んだものをすべて潔《いさぎよ》く捨て去り、「それでも私らしく生きていきたい」という想いだけを残しました。そして、目の見えない私の夢はと考えた時、お

母さんになりたい、それも目の見えるお母さんのように子育てのできるお母さんになりたいという希望を抱いて、そのためには結婚をと、具体的に道が見えてきました。

1980年3月、私はウエディングドレスに身を包み、3歳で失明した郡司幸治さんと教会で永遠の愛を誓い合いました。

しかし、私の希望である「目の見えるような子育てのできるお母さん」は、中途失明の私にはハードルが高くて、とにかく白い杖で歩いていたのでは無理だと思いました。そこで、盲導犬とだったら……と夢が具体的になりましたが、かつて幼稚園に通う道で大きな犬に襲われたことで犬は苦手でした。しかしお母さんになりたいという夢は捨てきれず、当時の東京盲導犬協会=現在のアイメイト協会に電話をかけました。その電話で塩屋先生から「ぬいぐるみの犬が平気なら盲導犬は大丈夫」と言われて、共同訓練を受けるために出かけて行きました。

1981年5月、若葉薫《かお》る日に、最初のしっぽのある娘・ベルナに出会いました。犬が近づくだけで怖くてたまらないのですから、4週間の共同訓練は必死でした。最後の卒業テストに合格して、明日は盲導犬のベルナと一緒に夫の待つ我が家に帰るという日、私は初めて「よくやった！」とベルナの頭をなでながら、嬉しさで大泣きしました。

我が家に戻って、「さあ、ここがベルナのお家《うち》だよ」と言えば、「お父さんだよ」と夫の声も続きます。私たちの暮らしにベルナが加わって家族となったわけですが、現実は厳しいものがありました。40数年前の社会は、盲導犬を受け入れるなどという状況ではありません。

家に帰った翌日、ベルナとバスを乗り継いで区役所へ行ってみましたが、最初はじつに冷たい対応でした。それで、まずは盲導犬を「知ってもらう・わかってもらう・理解してもらう・受け入れてもらう」という4段階方式を用いて、私と盲導犬ベルナを取り巻く環境がやさしい街になるように、やさしい人たちになるようにと、毎日が努力と苦労の連続でした。

しかしそれ以上に、ベルナと風を切って歩く爽快感《そうかい》、楽しさは素晴らしいものでした。

［虹たつと言うを背中に聞きながら　盲導犬と空　仰ぎ見る］

1982年9月、私は男の子を出産しお母さんに。我が家は4人家族となりました。夫が自分の鍼灸治療院に出て行ったあとは、盲導犬ベルナと一緒に子育ての毎日。息子と、しっぽのある娘のベルナと、やさしい夫に囲まれた私の幸せな日々でした。

「目の見えぬ我を「きらい」と言うあ子の　泣き声聴きつつ　ケーキ焼きおり」

息子の反抗期も、夫との夫婦喧嘩もすべて、ベルナに食べてもらって乗り越えていきました。

「両の手を重ねたる中にホタル入れ　めしいの我に　見せくるる子よ」

家族でグループの中に入れていただいて、一泊で越後湯沢の高原に出かけた時のことでした。息子は誰かにホタルを手の中に入れてもらい、それを私に見せに走ってきました。その小さな手の中にあるホタルを、私も夫も、そしてベルナも、覗いて見たのです。

そのベルナが白内障となってしまい、盲導犬をリタイアさせなければならないと診断されたのは、ベルナが11歳、息子が小学3年生の時でした。

「リタイアをつげられし盲導犬　泣きたるわれの手をなめくるる」

その時息子が「僕がベルナちゃんの目になってあげる」と言ってくれて、ベルナはハーネスを付けて盲導犬を、私たちは家族として暮らす決心をしました。

そしてついにベルナとの生活にピリオドを打たなければならない日がやって来ました。

その年のお雛祭《ひなまつ》りの次の日、小学5年生の息子はランドセルをしょって学校へ、夫は自分の治療室へ出かけたあとのことでした。14歳のベルナの全身に痙攣《けいれん》がおきました。その体を夢中で抱きかかえて叫びました。

「ベルナー！　死んではいけない！　一人で天国へ行ってはいけない！」

痙攣にもがきながらベルナは私の胸に顔を押し付け首を折りました。「さよなら」と別れを告げてくれているのだと思いました。最初の「さよなら」はお母さんの私に。2つ目のさよならはお父さんの夫に。そして最後やっと折ったさよならは、弟の息子にです。

「群青《ぐんじょう》の空突き抜けてキララなる　ベルナの星を　われら忘れず」

ベルナの死の3ヶ月後、夫が癌で亡くなりました。口数の少ない、考えてから行動するやさしい人でした。進行性の癌で、発病からほぼ6ヶ月という、本当にあっという間の死でした。

「はにかみつつ愛を告げくれし唇に　とわの別れの口づけをせむ」

夫が亡くなった直後、2頭目の盲導犬をとなって、小学6年生の息子を友人のところに預けて、共同訓練に出かけました。

1994年7月、そこで出会ったのが、2番目のしっぽのある娘・ガーランドです。ガーちゃんは目の周りに黒くシャドーを塗ったようで、タレ目だったベルナとは顔の雰囲気が違っていました。訓練の折々《おりおり》、私の気持ちとガーランドの気持ちが重ならずに戸惑うことが多々ありました。そんな私に塩屋先生が何度も言われました。「前の犬と比べてはいけません、ガーランドのことだけを、今は考えるのです」。

私も頭ではよーくわかるのですが、心のどこかでは、違う違うと思ってしまうのでした。しかし4週間の訓練をすべて終え、ガーランドを伴って私は我が家に戻りました。「おかあさーん!」と息子が跳ねるような声をあげて走って来ます。強い陽射しの中、汗だくになって待っていてくれたのです。

家に入る前に、我が家では「家族の儀式」をします。それはガーランドの頭の上に息子の手を、その上に私の手を重ねて、「私たちは家族です」と言い合うのです。かつてベルナの時も、同じこの場所で夫と手を重ねて家族の儀式をしました。

こうして私たちの生活が始まったものの、息子とガーランドの気持ちが噛み合わず、私は両方の中に挟まれて四苦八苦、疲れ果ててしまいました。それでも息子が中学生になると、頭を並べてテレビを見ているようになりました。息子の中学1年生の夏休み、私たちはグループに入れてもらって、丹沢《たんざわ》の奥まで1泊のキャンプに出かけて行きました。河原で水かけっこ遊びに興《きょう》じてとても楽しかったです。

ところが、帰って来た頃からガーランドの様子がおかしくなってしまい、すぐに獣医の先生に診てもらいました。検査の結果が数日後に出ると、白血病に侵《おか》されているとの宣告でした。そしてその告知の中には、「残る命は十数日」という言葉も含まれていました。

9月になって、我が家のベランダに最初の秋風が吹いた日の夕方、私はガーランドとベランダに出ました。「ほーら、ガーちゃん。秋が来たんだよ」そう話しかけると、重だそうに顔を上げて、私と同じ風の行く手を眺めていました。そして、部屋に入ってすぐに、ガーランドの手が空をかき抱くように動きます。「ガーちゃん、お母さんはここだよ」と、その名を呼ぶ私の声に「ゼーッ」という絶叫が重なり、ガーランドは一気に天国へ駆け上がっていきました。

「手にのせたる骨のかろかるき　ガーランドと呼びても　応えず」

1995年11月、3番目の盲導犬との出会いのために、息子を友人の家から中学校に通えるようにして、共同訓練に出かけました。そして出会ったのが3番目のしっぽのある娘・ペリラでした。体重が20kgという小さな体で、出会ってすぐに、「わたしのお母さんでしょ」

と甘えてきました。

それから4週間の共同訓練も順調に終わって、秋晴れの陽射しの中を我が家に戻って、今度も息子の手の上に私の手を重ね、ペリラとの家族の儀式をしました。

私は、息子が小学校5年生の時から、お話の会を主宰《しゅさい》してきました。ペリラとの生活の中で、この会が輪を広げいろいろな場所から誘いの声をかけられるようになり、私たちは日本じゅうに出かけて行くようになりました。


2010年、カナダ・バンクーバーの冬季オリンピックが開催され、その日はテレビでフィギュア・女子シングルが中継されていました。この時、浅田真央や韓国のキム・ヨナの演技があって、私もペリラとそのテレビ画面に釘付けでした。「ねー、ペリちゃん、今度生まれ変わってくる時があったらさ、きっとかわいらしい女の子だね」その私の言葉を、15歳のペリラは小首をかしげて聞いていました。

そのあと、外出から帰って来て、ペリラはリビングで足をもつれさせて転び、二度と自分の足で立ち上がることができなくなり、ああ、ついに終わりがきたんだわと思いました。翌日まだ朝日が窓から入らないうちに、お母さんの私とお兄さんの息子に抱きかかえられて、激しかった呼吸が徐々に徐々に静かになっていき、そして、深い呼吸を最後にペリラは天国へ静かに旅立って行きました。
15歳を過ぎた盲導犬ペリラの大往生でした。

［つぶらなる瞳でわれを見つめたる　ペリラはあまゆ　愛《いと》しくあまゆる］

2010年の8月、私は共同訓練で4頭目の盲導犬、4番目のしっぽのある娘に出会い、そのウランは穏やかな性格の子でした。

そしてウランとの生活の中で、私は新しい夢をいだきました。その1つは、たくさんのクラシックコンサートに出かけて行くことです。心なごやかに、また、心に力を入れて奮起する時、あるいは心に慰めをもたらしたい時、いつも私の中には音の世界がありました。ですから、これからは、好きな演目だったり聴いてみたい指揮者だったら、泊りがけでも出かけていくというほど力を入れて、クラシックコンサート三昧《ざんまい》の日をと願ったのです。

もう1つの願いごとは、盲導犬と共に海外旅行に出かけて行くことでした。私の憧れの旅先は欧州《おうしゅう》。深い歴史とロマンを感じるヨーロッパの国々でした。最初はツアーでウランとイタリアへ出かけたのですが、私としては満足できないものがありました。なんとか個人旅行で海外へ行けないものかと思っていますと、旅が大好きな人たちとグループができ、そこから毎年1回は海外へ出かけるという夢のような日々を過ごしました。

ウランと10ヶ国ほど旅を続けて、2017年の夏、南フランスがウランとの最後の旅に。私の個人的な事情で9歳のウランをリタイアさせることになってしまいました。

2018年1月4日の朝早い時間に息子がやって来ました。この日は、新幹線で息子とウランと一緒に出掛け、盲導犬をリタイアさせたウランを新しい家族に渡すことになっていました。ウランは、「兄ちゃんと一緒なのね」と、息子のあとを追うように玄関を出ましたが、エレベーターから降りてマンションの外へ出たところで、ウランの足がぴったりと止まりました。そして、名残り惜しそうに見上げている先に、我が家のベランダがあります。「『さあ、ウラン行こうか』と息子が声をかけると、ウランはその声のほうを見上げ、そのあと私を見上げると涙が溢れます。その日以降しばらく口もきけなくなってしまいました。その私の背中を息子がとんとんとなで、叩いてくれています。

「あれはね冬の音さ」と言うわれに　耳をかたむけ　なれは尾を振る」

ウランを手放して数日後、私は5頭目の盲導犬との出会いを求めて共同訓練に出かけました。

2018年、すでに私の年齢は70代で、これが最後の盲導犬との出会い。〝ラストワン〟

との思いで覚悟の出発です。そして出会ったのが5番目のしっぽのある娘・フローラ、フーちゃんです。「あなたがお母さんの最後の盲導犬さんになってくれるのね」と、出会いの時に話しかけると、嬉しそうにしっぽを振って応えてくれました。

「わが耳にひげ振れ話すは犬語なり　冬陽だまりに　頭撫で聞く」

2018年の夏、盲導犬のフローラと一緒に、旅友だちとグループを組んでハンガリーに出かけたのですが、次の年から世界にコロナウイルスが蔓延《まんえん》した結果、しばらくの間は海外だけではなく国内旅行もままならなくなり、その活動はしばらく休眠状態となりました。

2023年12月24日、私たち「チームフローラ」は、ローマ、バチカン、アッシジへの旅から再出発となって、フローラと一緒にローマに向けて羽田空港を飛び出しました。こうして私としっぽのある娘たちの日々はこれからもずーっと続いていく、そんな楽しい予感がしています。

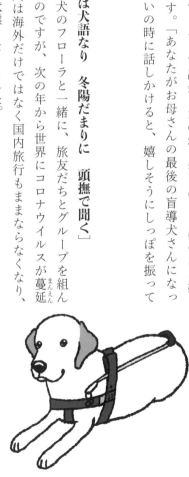

全日本盲導犬使用者の会 30周年記念ソング制作に寄せて

全日本盲導犬使用者の会
大石(大胡田)亜矢子

全日本盲導犬使用者の会、発足30年、まことにおめでとうございます。そして、記念ソングを作らせていただけて、本当に嬉しいです。ありがとうございます。

盲導犬使用者になって25年。3頭のパートナーたちからたくさんの出会いとギフトをもらいました。

私は超方向音痴です。白杖を使って歩いていた時は、この方向感覚のなさがイヤでイヤでしかたがなかった。盲導犬と一緒に歩いたら、方向音痴ではなくなるかも？　と期待したのですが、期待外れ……。でも、その代わりというか、一緒に迷う仲間（!?）ができて、冒険を楽しめるようになりました。

今回、ユーザーのみなさんからのアンケートで、歌のイメージや、キーワードをお寄せいただきました。また、座談会で直接お話をお聞かせいただきました。

盲導犬と風を切って歩く喜び。

自由に行動できる楽しさ。

周りの人たちへの感謝。

社会への啓発。


いろいろなことをこの一曲に盛り込みました。

1番は、ユーザー目線で。

2番は、盲導犬の気持ちで作ってみました。

この歌で、ユーザーのみなさんと盲導犬たちを、みなさんの周りの人たちを、そして、そこから広がって日本じゅう世界じゅうのみなさんの人生の大冒険を、応援できたなら大変嬉しく思います。

全日本盲導犬使用者の会 30周年記念ソング

ストレイトゴー！
光りの道

作詞／全日本盲導犬使用者の会 ＋ 大石亜矢子
作曲／大石亜矢子

（7分11秒）

ハーネス持つ手に伝え合う
幸せ今日も出かけよう
「ストレイトゴー！」

［1］
君と歩くこの世界
山あり谷あり壁もある
迷うこともあるけれど
それも楽しもう

頬を撫でる風漂う香り
すきっぷしたくなるような輝く景色

ハーネス持つ手に伝え合う
愛とぬくもりこの胸満たす
尻尾を振り振り歩いてる
愛しい君と光りの道へ
いつでもどこでも一緒がいいね
自由と喜び響かせて
「ストレイトゴー！」

〔2〕

君と出会ったこの奇跡
お互い守って守られて
気持ちすれ違う時は
無言のアピール

誰もいない道人ごみの街
車や自転車も輝く景色

ハーネス持つ手に届けよう
１００パーセントの信頼と愛
腕を振り振り歩いてる
愛しい笑顔と希望の道へ
いつでもどこでも一緒がいいね
幸せ命を響かせて
「ストレイトゴー！」

〔3〕

そっと見守ってくれた人
声をかけてくれた人
一緒に歩いてくれた人
たくさんの愛をありがとう
つないだ手と手に通い合う
命のぬくもり確かめ合おう
みんなでキラキラ生きていく
真心感じるやさしい世界
いつでもどこでも忘れないで
愛とぬくもり響かせて
「ストレイト・ゴー」

くつろぐ君に伝えよう
貴い今日をありがとう
一緒にいられるこの奇跡
喜びずっと大切に
「ストレイトゴー！」
「ストレイトゴー！」
「ストレイトゴー！」
「ストレイトゴー！」

■ 全日本盲導犬使用者の会のHP内［30周年記念ソング特設コーナー］
ここに、歌詞と楽譜、サブスクの音源が聴ける、QRコードも載っています

多彩な視点で描かれた盲導犬と使用者の絆
個性溢れる文章で深く静かな感動が

著述家・編集者
石黒謙吾

「あ、石黒さんだ！　お久しぶり〜！」

僕が近くにいる人に小声でひと言挨拶しただけで、5mぐらい離れた椅子に座っていた早川美奈子さん（P96）から、明るく元気な声が飛び込んできました。今年（2024年）5月にあった、全犬使会総会前日の懇親会会場に入っていった時のことです。

10年以上お会いしてなかったのにこれだけでよくわかったなあと驚くと共に、声を覚えて頂いてたことがとても嬉しかった。そしてこの瞬間、全犬使会のみなさまとリアルでお会いしてなかった後ろめたさのような感覚はスッとなくなると同時に懐かしさが込み上げ、みなさま&犬たちと交流してきた数々のあたたかい思い出が蘇ってきました。

僕が最初に全犬使会とつながりを持ったのは2001年の春。著書である『盲導犬クイールの一生』の刊行にあたり、本の印税からの寄付を申し入れるため、当時の全犬使会会長だった清水和行さんに電話したことがきっかけです。

この時、清水さんから「先日、総会があって、みんなの声を集めた本を作れたら夢のようだね、なんて話が出てましして……」とお聞きして大いなる意義を感じ、すぐに刊行実現に向けて動き始めました。

そのやりとりから1年半後の2002年11月11日（ワンワンの日）、『犬と歩いて… 盲導犬ユーザーの詩』が刊行に。全犬使会のみなさまとのやりとりを重ねながら構成・プロデュース・編集した一冊は、僕自身が30年間で作ってきた300冊の中でも特に心に残る本として残すことができたこと、みなさまへの感謝にたえません。

そして『盲導犬クイールの一生』の発行部数は結果的に、国内で単行本が86万部、文庫が4万部ほど。中国と台湾でもそれぞれ20万部以上が刊行されるという、自分にとってはもちろん、盲導犬への認知が広まる意義において、大変喜ばしい結果に。さらには、NHKのドラマ化（2003年）、松竹で映画化（2004年）、中国でも（2019年公開）され、刊行の3年前に、クイールを撮っていたカメラマンの秋元良平さんにお会いし、企画を進め始めた時には想像もできない広がりとなりました。

全犬使会と最初に接点が生まれた2001年の春以降は、年に1回、各地の持ち回り的に行われる総会・懇親会にも毎年のように参加しました。和歌山、宮城、長野、兵庫、千葉などでみなさんと1泊して、夕食後は部屋で夜中まで飲み明かしたりも。集まった部屋から自販機に缶チューハイを買いに何度も走り、みなさんに順番に肩を貸してトイレに行っていたのが、心に沁みる思い出に。特に和歌山では、夜遅くなってから、40頭近い犬たちと大軍団で、ホテルから有名なラーメン屋になだれ込んだのも強烈に残っています。

韓国の盲導犬協会への交流・視察に、ユーザーさん4人&盲導犬4頭と、介助ボランティア4人で行ったのは2008年。2泊3日の旅でみなさんと共に様々な見識と体験を得ることができました。

ほかにも、「身体障害者補助犬法」成立に際しては、介助犬、聴導犬のユーザー&関係者の方々と共に、首相官邸やスカイツリーに同行し、カメラマンとしてお役に立てたのも懐かしく思い出されます。2009年の「東海道五十三次・盲導犬使用者ウォークリレー」が行われた時にも、ゴール地点の日本橋でカメラに様子を収めつつ、みなさんと喜びを分かち合いました。

そんな濃い交流がありながらも、この10年ほどは接点が薄くなり、最低限、会が発行するメルマガで状況を把握している程度でしたが、昨年春に清水和行さんからご相談を受け、

30周年記念の本書を、こうしてプロデュース・編集することに。

33名の方の原稿は、多彩な視点で盲導犬と使用者の絆が描かれ、どの方もそれぞれの個性溢れる文章で、あらためて盲導犬の世界に入り込み、深く静かに感動しました。本のタイトルもそこからで、僕の素直な思いから出たものです。

ちなみに文章は、みなさまの気持ちがリアルに伝わることに主眼を置き、僕のほうでは最低限の原稿整理をした程度で、極力、ご本人の筆致を生かしています。


企画決定から刊行へ尽力していただいたのは、ワニ・プラスの宮崎洋一さん、佐藤寿彦社長。デザインは黒柴の老犬と暮らす守先正さんに、イラストは全犬使会のＨＰでも描かれている小山るみこさんにお願いしました。みなさま、ありがとうございます。

全犬使会側では、寄稿された方々はもちろん、企画から進行の段取りで清水さんと栗田陽子さんに特にお骨折りいただき、原稿集めで三輪利春さんに細やかにご対応いただきました。深く感謝いたします。

さて、この本が、１人でも多くの方に読んでもらえて、盲導犬と共に人生を歩んでいく人が増えるきっかけとなり、その結果、盲導犬育成事業の発展につながっていくことを願っています。

寄稿

盲導犬使用者の人生が豊かなものとなるようお祈りして

公益財団法人・日本盲導犬協会シニアコーディネーター
国際盲導犬連盟査察員
多和田 悟

全犬使会設立30周年おめでとうございます。

全犬使会が発足した1994年は、私が設立から関わった関西盲導犬協会を辞めて、オーストラリアのクイーンズランド盲導犬協会に勤める1年前です。

私も2024年6月で、50年間勤めた盲導犬の世界からひと区切り付けます。小学生の時に初めて出会った点字によってこの道に進み、生涯の友と出会うこともできました。私が何回もこの仕事を辞めたいと思いつつも続けてこられたのは、妻をはじめ多くの方々に支え励まされてきたからです。

「見えるヤツに見えない人間のことなんかわからん」と責められた時に、見える私だからこそできる仕事をしようと決心しました。何頭もの盲導犬を代替《だいが》えする欧米の盲導犬事業から、〝盲導犬になるべく生まれてきた犬〟の繁殖によって、それまで〝優秀な訓練によって優秀な盲導犬は生まれる〟という定説を覆《くつがえ》すことができました。

犬の育成においては、調教・訓練の時代を経て、今は教育を目指しています。視覚障がい者の歩行指導においては、白杖《はくじょう》歩行指導員養成講習で学んだ多くの技術を応用し説明することで、盲導犬事業を白杖歩行指導と融合させる試みを、視覚障害リハビリテーション協会の場を借りて行いました。

全盲の夫のガイドをするＬＶ＊（Low Vision）の妻からの、「私も安心して一緒に歩きたい」の言葉に応える形でタンデム＊ができました。そのことで、当時全盲だけを対象としていた盲導犬歩行が、ＬＶの歩行においても有効であると実証され、盲導犬歩行がＬＶにも開放されました。

教員である盲導犬使用者から「通勤でズボンが犬の毛だらけになる」と相談を受け、犬にコートを着せることでそれを防いだ事例では、私の思いとは外れ、コートを着せることが盲導犬の入店など社会への受け入れの条件のように扱われたことは残念でした。

盲導犬取得の理由が、経済的自立のための社会参加だからと主婦が対象とされなかった、今では考えられない時代がありました。ある盲導犬使用者の「盲導犬を得て何をしたいですか?」の問いに、「散歩をしたい」と答えが返ってくるように時代が変わりました。当事者が「私はこうしたい」が遠慮なく当たり前に言える環境がなければなりません。

＊ LV（Low Vision）
ロービジョン＝見えにくい人
＊タンデム
１頭の盲導犬を２人で利用すること。この場合はご夫婦で。

この本では、使用者のみなさまのそれぞれの盲導犬との生活が賛歌として書かれていますが、楽しい成功の裏には暗くつらい時代があったことを忘れてはいません。失明という大変な出来事を背負いながら、その中で、「見えない・見えにくい」まま自分らしく人生を楽しむ術《すべ》をみなさまはやっと見つけられたのですね。その努力に敬意を払いつつ、今もまだその苦しみ、困難の中におられる方々のことを思います。

みなさまとの関わりの中で、私の人生も豊かなものとなりました。これからの盲導犬事業の発展を後世に託す思いと共に、それぞれの盲導犬使用者の人生も豊かなものとなりますようにお祈りし、見守らせていただきます。

おわりに

笑顔で歩いている盲導犬使用者のリアルな生活を

全日本盲導犬使用者の会
創立30周年記念イベント実行委員会・実行委員長
清水和行

全日本盲導犬使用者の会は、1994年11月23日に、東京・新宿区の戸山《とやま》サンライズで発足《ほっそく》しました。当時、全国の盲導犬使用者は650名ほどでしたが、280名もの会員が1つになりました。すべての盲導犬育成団体に同窓会的な組織があったわけではなく、また、地域の使用者団体も数えるほどでした。ほとんどの盲導犬使用者が地域に「点」として存在していたのです。そんな中、本会の誕生は、全国の盲導犬使用者を点から線へ、線からネットワークへとつないでいったのでした。

2024年の今年、本会の創立30周年を記念して、私たちはいくつかの記念イベントを企画し実施してきました。その中の1つが、本書の出版です。

私たちがこの本を通して伝えたいことは、盲導犬の賢さや優秀な面ではありません。目の「見えない・見えにくい」私たちが、盲導犬の力を借りて、どれだけ豊かな人生を送ることができたかということです。その形は一人ひとりみんな違います。

今回、全犬使会の会員33名が、パートナーである盲導犬と自分たちのリアルな生活について、慣れない文章を書いてみました。素人の文章ですので読みにくいところもあろうかと思いますが、笑顔で歩いている盲導犬使用者の姿を想像しながら読んでいただければ幸いです。

本書の出版にあたり、盲導犬訓練士の多和田悟様に寄稿していただきました。多和田氏は『盲導犬クイールの一生』（写真・秋元良平、文・石黒謙吾／文藝春秋）に登場された方で、2023年には国際盲導犬連盟より「ケン・ロード賞」を贈られました。この賞は、国際的な盲導犬事業に長年貢献した人を讃《たた》えるもので、アジア初の受賞でした。日本でもっとも多くの盲導犬や使用者を見てこられた多和田氏から、私たちの本に対してメッセージをいただけたことは、本書で執筆したすべての使用者の喜びです。ありがとうございました。

最後に、私たちの文章が書籍として世に出るように、著述家・編集者の石黒謙吾様に、2002年年刊行の『犬と歩いて…　盲導犬ユーザーの詩』（全日本盲導犬使用者の会・著、石黒謙吾・構成／ワニブックス）に続いて、プロデュース・編集していただきましたことに、心より感謝申し上げます。

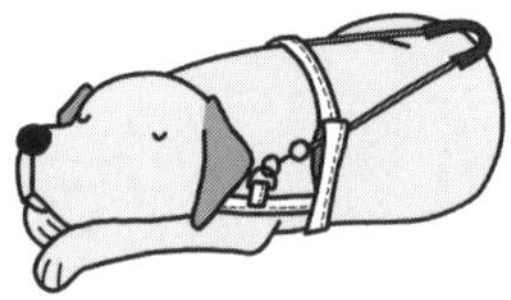

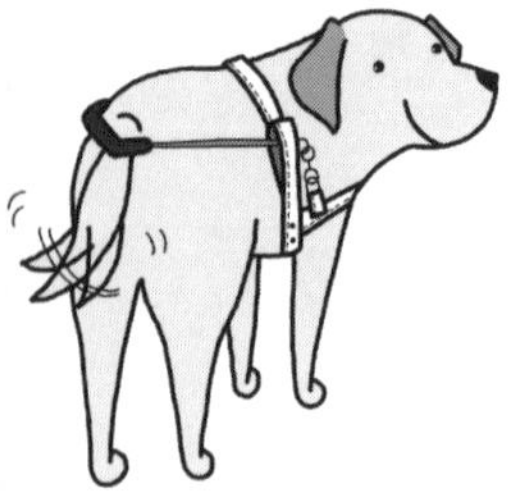

［PROFILE］

全日本盲導犬使用者の会

全国の盲導犬使用者が出身盲導犬協会の枠を超えて集まった日本で唯一の全国組織。1994年の創立以来、会員同士の親睦や情報交換、盲導犬の啓発活動など、精力的に活動を続けている。2002年に公布された「身体障害者補助犬法」の成立に積極的に関わった。同年には、会員とボランティアの44人が綴った『犬と歩いて…　盲導犬ユーザーの詩』（全日本盲導犬使用者の会・著、石黒謙吾・編／ワニブックス）を刊行。2024年は創立30周年にあたり、本書はその記念碑的な本である。

「全日本盲導犬使用者の会」の HP はこちらから

協力

塔岡真理子

[STAFF]
文/全日本盲導犬使用者の会
プロデュース・編集/石黒謙吾
デザイン/守先正
イラスト/小山るみこ
制作/(有)ブルー・オレンジ・スタジアム

盲導犬との絆、静かな感動
光を失った33人が自ら綴るエッセイ

著　者　全日本盲導犬使用者の会
編　者　石黒謙吾
2024年11月11日　初版発行

発行者　佐藤俊彦
発行所　株式会社ワニ・プラス
〒150-8482 東京都渋谷区恵比寿4-4-9 えびす大黒ビル7F
発売元　株式会社ワニブックス
〒150-8482 東京都渋谷区恵比寿4-4-9 えびす大黒ビル
印刷・製本所　シナノ印刷株式会社

■ お問い合わせはメールで受け付けております。
HPから「お問い合わせ」へお進みください。
※内容によりましてはお答えできない場合がございます

ISBN 978-4-8470-7476-9
ワニブックスHP https://www.wani.co.jp